전지은 글 | 이갑규 그림 | 노규식(SBS '영재발굴단' 자문위원) 감수

어린이를 위한
그릿

재능을
뛰어넘는
열정적
끈기의 힘

비즈니스북스

어린이를 위한 그릿

1판 1쇄 발행 2017년 12월 21일
1판 36쇄 발행 2025년 7월 16일

지은이 | 전지은
발행인 | 홍영태
편집인 | 김미란
발행처 | (주)비즈니스북스
등 록 | 제2000-000225호(2000년 2월 28일)
주 소 | 03991 서울시 마포구 월드컵북로6길 3 이노베이스빌딩 7층
전 화 | (02)338-9449
팩 스 | (02)338-6543
대표메일 | bb@businessbooks.co.kr
홈페이지 | http://www.businessbooks.co.kr
블로그 | http://blog.naver.com/biz_books
페이스북 | thebizbooks
인스타그램 | bizbooks_kr
ISBN 979-11-86805-97-8 73810

* 잘못된 책은 구입하신 서점에서 바꾸어 드립니다.
* 책값은 뒤표지에 있습니다.
* 비즈니스북스에 대한 더 많은 정보가 필요하신 분은 홈페이지를 방문해 주시기 바랍니다.

> 비즈니스북스는 독자 여러분의 소중한 아이디어와 원고 투고를 기다리고 있습니다.
> 원고가 있으신 분은 ms1@businessbooks.co.kr로 간단한 개요와 취지, 연락처 등을 보내 주세요.

| 추천의 글 |

꾸준한 노력의 힘을 알려주는 최고의 책!

정윤경
(가톨릭대학교 심리학과 교수)

　과연 어떤 아이가 마지막에 웃는 사람이 될까요?
　어려움이 닥칠 때, 생각대로 일이 되지 않고 실패가 반복될 때, 게을러지고 싶을 때…… 이런 갖가지 상황 속에서도 처음의 목표를 생각하며 꾸준히 노력하는 아이가 마지막에 성취의 즐거움과 행복을 느낄 수 있습니다. 그리고 그것이 '그릿'(grit)의 힘입니다.
　그릿은 어떻게 자라날까요? 최근의 연구들에 따르면 그릿은 지능지수(IQ)나 타고난 재능과는 상관이 없다고 합니다. 다만 그릿을 기르기 위해서는 긴 시간 동안의 노력과 훈련이 필요합니다. 아이 혼자서 할 수 있는 게 아니라 부모님을 포함해 주변 어른들의 믿음과 지원을 통해 그릿은 아이 마음속에 자연스럽게 자리 잡게 됩니다.

"끈기 있게 노력해라."라는 말은 잔소리로 들리기 쉽지만 책을 함께 읽고 공감하며 이야기를 나눈다면 아이에게 '나도 한번 이렇게 해볼까?' 하는 마음이 생길 수 있습니다.

 이 책은 스스로 그릿을 키우고 싶은 아이들, 금방 싫증 내고 지루해하는 아이에게 그릿을 길러 주고 싶은 부모님들을 위한 내용을 담고 있습니다. 아이들이 이 책을 통해 '노력하니 참 뿌듯하다', '실패했어도 배운 게 많아서 참 좋다'라고 느끼게 되길 바랍니다.

| 감수의 글 |

재능을 키우는 결정적 열쇠, 그릿

노규식
(연세 휴 클리닉, 공부두뇌연구원 원장)

소아·청소년 전문 정신건강의학과 의사로 일하다 보니 때때로 방송을 통해 뇌와 학습, 정서에 관한 자문도 하게 됩니다. 그런데 병원과 방송이라는 두 가지 경로로 만나는 학생들 덕분에 종종 전혀 상반된 경험을 합니다.

무슨 말인가 하면, 병원에서는 학업 성적이 너무 저조한데 막상 지능을 평가해 보면 상위 3~5퍼센트 안에 드는 학생을 만나게 될 때가 있습니다. 이런 경우가 의외로 많기 때문에 '지능이 성적에 주는 영향은 15~20퍼센트 정도'라는 기존의 연구 결과를 떠올리지 않더라도 '아, 머리가 좋다고 공부를 잘하는 것은 정말 아니구나!' 하고 느끼게 됩니다.

반대로, SBS '영재발굴단' 같은 방송을 통해서는 뛰어난 수학적 사고력이나 언어적 능력을 가지고 있는 학생들이 막상 지능지수는 보통이거나 평균을 웃도는 수준인 경우를 보게 됩니다. 이 역시 '영재성은 지능지수로 평가할 수 없다'는 당연한 명제를 떠올리게 되지만, 아이들이 보여주는 놀라운 능력을 보면 다시 한 번 그들의 지능지수에 고개를 갸웃하곤 했습니다.

그런데 그 두 그룹의 아이들에게는 아주 뚜렷한 차이가 한 가지 있었습니다. 지능지수가 대단히 높지만 학업 성적이 좋지 않은 아이들은 학습에 흥미가 거의 없었고, 지능지수가 높지 않은데도 영재성을 보이는 아이들은 자신이 좋아하는 분야에 엄청난 열정을 가지고 있으며 끈기가 대단했습니다.

이러한 차이의 의미를 설명하는 것이 바로 '그릿'입니다. 앤절라 더크워스 박사가 소개한 그릿은 한마디로 '열정적 끈기'라고 할 수 있는데 이것이야말로 재능을 꽃피울 수 있는, 또 재능을 키울 수 있는 결정적 열쇠라고 할 수 있습니다.

우리가 세상을 살아가는 데 꼭 필요하고 소중한 덕목이 되는 그릿을 어린이의 눈높이에 맞게 소개하는 책이 나오는 것은 참으로 반가운 일입니다. 게다가 이러한 내용들은 딱딱한 지식으로 전달되기 보다는 이야기로 읽고 은연중에 마음에 남는 게 효과가 더 큰 법인데,

어린이들이 좋아하는 동화로 만들어진 것도 만족스럽습니다.

글 작가님이 쓴 이야기를 보면서 각 내용에 맞는 '생각 키우기' 부분을 10개 집필했습니다. 이야기들을 읽고 나서 꼭 한 번 질문의 답을 스스로 작성하는 시간을 가지면 좋겠습니다.

우리 어린이들이 재미있는 이야기를 읽으며 자연스레 그릿의 중요한 내용을 깨닫고, 생각을 키워 주는 질문과 도움말을 통해 실천을 결심할 수 있기를 희망합니다. 그리고 타고난 재능의 많고 적음에 휘둘리지 않고 꾸준한 노력으로 꿈을 키우며 스스로를 발전시키는 힘을 기를 수 있게 되기를 기대합니다.

차 례

| 추천의 글 | 꾸준한 노력의 힘을 알려 주는 최고의 책!   5
| 감수의 글 | 재능을 키우는 결정적 열쇠, 그릿   7

우리 형은 아이돌 연습생   13
생각 키우기 1   내가 정말 하고 싶은 일은 뭘까?   26

뭐가 잘못된 거지?   28
생각 키우기 2   관심의 싹을 찾고 나서 해야 할 일   46

실험, 이제 재미없어!   48
생각 키우기 3   나의 그릿은 얼마나 될까?   63

아빠와 형의 비밀 병기, 그릿   64
생각 키우기 4   성공의 열쇠, 의식적인 연습!   87

나도 할 수 있을까?   88
생각 키우기 5   의식적인 연습 100퍼센트 활용법   102

안 될 것 같은데 왜 하지?   104
생각 키우기 6   목적의식 갖기   118

재능보다 중요한 것   120
생각 키우기 7   내 꿈을 찾는 로드맵 4단계   136

아, 그만 좀 해!   138
생각 키우기 8   성공하는 사람들의 사고방식   153

나에게도 그릿이 있을까?   154
생각 키우기 9   그릿을 갉아먹는 생각 없애기   168

땀 흘린 시간의 의미   170
생각 키우기 10   왜 그릿이 중요할까?   192

그릿의 심리학자, 앤절라 더크워스 박사님을 소개합니다!   194

 ## 우리 형은 아이돌 연습생

"선재야, 저긴가 보다!"

붐비는 사람들 속에서 엄마가 선재의 손을 잡아끌었다. 아직 5월이지만 날씨는 후덥지근했고 주말의 대학로 거리는 복잡하기 이를 데 없었다.

선재가 엄마의 손에 이끌려 따라간 곳은 거리 한 귀퉁이에 자리한 작은 공원이었다.

"저기 보이지? 형 맞지?"

엄마가 공원 구석에서 바삐 움직이며 무언가를 준비하는 청소년 무리를 가리켰다. 가만히 보니 비슷비슷한 차림새의 학생들 사이에 형이 있었다.

"맞는 것 같아요."

형은 친구들로 보이는 다른 형들과 함께 스피커와 마이크 같은 걸 설치하느라 정신이 없었다. 엄마는 더 이상 가까이 가지 않고 그 자리에 선 채 형의 행동을 유심히 지켜보았다.

잠시 후, 그들 중 한 명이 마이크를 들더니 큰 소리로 외치기 시작했다.

"안녕하세요? 저희는 고등학생 댄스팀 '돌파'입니다! 지금부터 공연을 시작하겠습니다. 지나가시는 분들도 잠시 시간을 내셔서 많이들 봐 주시면 좋겠습니다."

말이 끝나자 예닐곱 명의 사람들이 우르르 그 앞으로 몰려가는 게 보였다. 곧이어 스피커에서 흥겨운 음악이 나오기 시작했다.

좀 더 가까이 다가가 보고 싶었지만, 엄마는 그 자리에 서서 꿈쩍도 하지 않았다. 그렇게 한참 동안 춤추는 형들을 바라보았다. 음악이 바뀌고 몇 명이나 춤을 췄을까? 드디어 형이 모자를 뒤로 돌려 쓴 채 앞으로 나와 비보잉 댄스를 추기 시작했다.

형은 춤도 잘 추고, 랩도 잘했다. 얼굴도 잘생겼고 옷도 멋있게 입었다. 형은 지금 꽤 유명한 연예 기획사의 아이돌 가수 연습생이다. 학원도 다니지 않고 혼자 배운 춤과 랩으로 연습생까지 된 형! 선재는 그런 형이 자랑스럽기도 하고 부럽기도 했다.

그런데 오늘은 잘 모르겠다. 형은 여전히 멋있고 춤도 잘 췄지만,

형의 춤을 보는 사람은 별로 없었다. 지나가는 사람은 많았지만 춤추는 모습을 흘깃거리기만 할 뿐 누구도 걸음을 멈추지 않았다. 제대로 봐 주는 사람도 얼마 없는 곳에서 있는 힘을 다해 춤을 추는 형의 모습은 초라해 보이기까지 했다.

"가자!"

엄마가 선재의 손을 잡아끌었다. 선재는 조금 더 보고 싶었지만, 엄마를 따라 뒤돌아 걸었다. 걸어가는 내내 엄마는 말이 없었다. 그저 계속 얕은 한숨만 내쉬었을 뿐…….

엄마가 한창 저녁 식사를 준비하고 있을 무렵, 현관문 열리는 소리가 들렸다.

"다녀왔습니다."

형의 목소리였다. 그런데 다른 때 같았으면 '응, 왔어?' 하고 맞아 줄 엄마 목소리가 들리지 않았다.

"엄마, 저 왔어요."

다시 한 번 형의 목소리가 들렸다. 그렇지만 엄마는 여전히 묵묵부답이었다.

"야, 노선재."

잠시 후, 형이 선재 방의 문을 열고 작은 소리로 불렀다. 선재는 고개를 돌려 형을 쳐다보았다.

"엄마, 왜 저러셔? 무슨 일 있었어?"

선재는 형에게 들어오라는 손짓을 했다. 형은 고개를 갸웃거리더니 문을 닫고 방으로 들어왔다.

"아까 엄마랑 같이 형 공연하는 데 갔었어."

"공연? 그걸 어떻게 알았어? 아무한테도 말 안 했는데?"

형은 깜짝 놀라 눈이 휘둥그레졌다.

"이모가 인터넷에서 형 공연하는 동영상 봤다면서 엄마한테 알려 줬대. 거기 갔다 와서 계속 기분이 안 좋으셔."

"아, 망했다. 엄마가 뭐라고 하셨어?"

"아무 말도 안 하셨어."

"아, 어떡하지? 대체 이모는 동영상을 어떻게 본 거야? 아, 진짜……."

오만상을 찌푸리며 혼잣말을 하던 형은 터덜거리는 걸음으로 방에서 나갔다. 선재의 입에서도 한숨이 절로 나왔다. 아무래도 오늘은 조용하게 지나갈 것 같지 않았다.

도서관에 간다고 나갔던 아빠가 돌아오자 네 식구는 식탁에 둘러앉았다. 무거운 분위기를 눈치 챈 아빠가 간간이 농담을 했지만 식구들의 반응은 시들했다. 고개를 끄덕이는 둥 마는 둥 하면서 말없이 숟가락질을 할 뿐이었다.

그렇게 폭풍전야 같은 조용한 식사를 마치고 나섰다.

"윤재, 너 이리 좀 와 봐."

소파에 먼저 자리 잡은 엄마가 방으로 들어가려는 형을 불러 세웠다. 형은 고개를 푹 숙이더니 어쩔 수 없다는 듯 엄마 앞으로 가서 앉았다.

"너 요즘 대체 뭐하고 다니는 거야?"

엄마 목소리는 얼음장처럼 차가웠다. 형은 차분하게 말했다.

"엄마, 저 공연했어요. 저한테는 정말 중요한 공연이었어요."

"공연도 어디 공연 같아야 말이지. 보는 사람도 없는 길바닥 공연이 그렇게 대단한 거야?"

"엄마도 동영상 보셨잖아요. 우리 공연을 보고 누군가는 동영상으로 찍어서 사이트에 올려 준단 말이에요. 보는 사람이 없으면 어떻게 우리 동영상이 인터넷에 있겠어요?"

형의 말에 엄마는 한숨을 길게 한 번 쉬었다.

"노윤재. 그런 동영상이 인터넷에 몇 개나 올라와 있는지 보기는 했어? 하루에도 수십 개, 수백 개가 올라와. 너만큼 춤추는 애들은 세상에 널리고 널렸다고. 그런데 그 애들이 다 가수가 될 수 있어? 아니잖아."

"하아……. 엄마, 저 좀 믿고 기다려 주시면 안 돼요? 저 정말 열심히 하고 있어요. 기획사 월말 평가 때마다 잠도 못 자고 연습하는 것 아시잖아요."

"너 지금 고2야. 내가 얼마나 더 기다려야 하니? 네 말처럼 열심히 했으면 뭐라도 눈에 보이는 게 있어야 하는 것 아니야? 데뷔는커녕 데뷔조 이야기도 안 나오잖아. 연습생이 된 지 벌써

3년이 넘어가는데 아직도 길바닥에서 춤이나 추고 있고. 내가 정말 널 생각하면 잠이 안 와."

형은 눈을 지그시 감았다. 눈을 감는 건 형이 뭔가를 참을 때 하는 행동이었다.

"엄마, 걱정하지 마세요. 제 일은 제가 알아서 할게요."

형은 벌떡 일어나 자기 방으로 들어가 버렸다. 엄마는 닫힌 문을 바라보며 한숨만 쉴 뿐이었다. 소파에 앉아 텔레비전을 보려다 두 사람 사이에서 오도 가도 못하던 선재도 그제야 슬그머니 자리에서 일어섰다.

"선재야."

엄마가 무거운 목소리로 선재를 불렀다.

"네?"

"너는 엄마 실망시키지 마."

선재는 아무 말도 못하고 눈치만 살폈다.

"이번에 대회 나가는 거, 꼭 잘해야 돼."

"네."

선재는 기어들어 가는 목소리로 대답하고 얼른 방으로 들어왔다. 거실에서 엄마 아빠의 목소리가 들렸지만, 무슨 이야기를 하는지 내용은 알 수 없었다. 선재는 침대에 비스듬히 기대 앉아 휴대 전화로 형이 나오는 동영상을 찾아보았다. 오늘 갔던 곳과 같은 장소, 비슷한 음악……. 동영상에 찍힌 형은 누구보다 빛나고 멋있었다. 어쩌면 엄마도 이렇게 멋진 형의 모습을 직접 보고 싶었던 게 아닐까? 부푼 마음으로 선재까지 데려갔는데 막상 실제로 보는 모습은 초라하기 짝이 없었으니 실망이 더 컸던 게 분명하다.

"휴……."

선재는 휴대 전화를 끄고 침대에 누웠다. 이 시간이 빨리 지나가길 바라면서…….

수업이 끝나고 짧은 종례를 마친 뒤, 선재는 방과 후 수업이 열리는 과학실로 달려갔다. 선재가 학교생활 중에 가장 좋아하는 시간이었다.

선재는 1학년 때부터 매달 나오는 어린이 과학 잡지를 빼놓지 않고 읽어 왔다. 처음엔 만화가 재미있어 읽기 시작했지만 계속 읽다 보니 과학자들의 놀라운 이야기, 흥미로워 보이는 실험 등이 눈에 들어왔다. 그러면서 자연스럽게 과학 잡지에 소개되는 실험들을 직접 해 보고 싶다는 생각이 들었다. 그러다 3학년이 되었을 때 학교 방과 후 수업에 과학 실험반이 생겼고, 선재는 조금도 망설이지 않고 선택했다.

실험을 하는 것은 기대 이상으로 재미있고 신이 났다. 실험 계획서를 읽고, 순서와 시간을 정확하게 지키며 실험을 하면 결과는 늘 예상에 어긋나지 않게 잘 나왔다. 그래서 언제나 다른 아이들보다 훨씬 빨리 실험 결과지를 제출했고, 그런 일이 거듭되면서 어느새 선재는 '실험반의 에이스'로 불리고 있었다.

선재는 과학실의 문을 열었다. 한 무리의 아이들이 실험 테이블 세 개를 차지하고 앉아 있었고, 그보다 조금 떨어진 테이블에 현민이가 멀뚱하게 앉아 있었다. 선재는 재빨리 현민이의 맞은편 자리로 가서 앉았다. 현민이의 자리에는 과학상자가, 선재가 앉은 자리에는 물로켓을 만들 수 있는 재료가 놓여 있었다.

"야, 나 완전 망했어."

현민이가 한숨을 쉬며 선재에게 말했다.

"왜?"

선재가 물 로켓 부속품들을 하나씩 살펴보며 무심하게 묻자 현민이가 의자를 바짝 당겨 앉으며 말했다.

"지난주에 김다윤이랑 또 싸웠어. 내가 부품도 더 많이 알고 조립도 더 빨리 하는데, 굳이 자기도 조립을 하고 싶다고 그러는 거야. 연습을 많이 했다나 뭐라나."

"김다윤은 원래 계획서랑 설명서 쓰기로 한 거 아니었어?"

"맞아. 그러니까 짜증이 나지. 걔는 조립을 정말 못하거든. 아니 내가……."

현민이가 한숨을 쉬며 말을 이어 가려 할 때였다.
"노선재! 여기 와서 이것 좀 봐 줘!"
옆 테이블의 승엽이가 갑자기 선재를 향해 소리를 질렀다. 실험 준비를 하다 뭔가 물어볼 게 생긴 모양이었다.
"아, 잠깐만!"
선재는 눈과 손은 물 로켓 부속품에 둔 채, 소리를 높여 말했다. 그러자 마치 들으라는 듯이 대놓고 쑥덕거리는 말들이 들려왔다.
"거 봐, 내 말이 맞지? 쟤 불러 봐야 소용없다니까!"
"그래. 아예 쳐다보지도 않잖아. 잘난 척 쩔어, 완전."
"맨날 지들끼리만 속닥거리고. 재수 없어 죽겠어."
선재가 고개를 들어 어이없이 바라보니 아이들은 선재의 눈을 피하며 딴청을 부렸다.
"아, 짜증나. 그럼 지들도 잘해서 학교 대표 하든가."
현민이가 아이들을 노려보며 혼잣말처럼 중얼거리던 그 순간, 선생님과 다윤이가 함께 과학실로 들어섰다.
"오! 오늘도 다들 일찍 왔네!"

선생님은 웃음 띤 얼굴로 두 테이블의 중간쯤으로 와서 아이들을 보며 말했다.

"자, 오늘은 지난 시간에 말했던 것처럼 모터 만들기를 해 볼 거예요. 모터는 전동기라고도 부르는데, 이게 진짜 쓰임새가 많은 물건이에요. 우리 생활을 편리하게 해주는 도구들을 보면 이 모터를 이용한 게 아주 많거든요. 자, 그럼 먼저 준비물부터 하나씩 체크하고 시작해 보도록 합시다."

말을 마친 선생님은 몸을 돌려 선재와 현민이, 다윤이 쪽을 바라보았다.

"탐구 대회에 출전하는 친구들은 각자 오늘 뭘 해야 하는지 알고 있겠지?"

"네."

세 아이는 대답과 함께 고개를 끄덕였다.

"그럼 어서들 시작하자. 선재는 운동장 나가서 물 로켓 쏴 봐야 하니까 다 만들고 나서 선생님한테 얘기하고!"

"네."

선재는 테이블 위에 제멋대로 펼쳐진 부속품들을 모아 물 로켓을 만들기 시작했다. 저쪽 테이블의 아이들이 흘끔흘끔 선재와 현민이를 쳐다보았지만 애써 무시했다.

실험반 아이들이 처음부터 이랬던 건 아니었다. 함께 실험을 진행하며 티격태격하기도 했지만 실험에 성공하면 다 같이 신나서 펄쩍펄쩍 뛴 적도 많았다. 지금처럼 알게 모르게 사이가 벌어진 것은 교내 과학 탐구 대회가 끝난 뒤부터였다. 실험반 아이들은 모두 다 대회에 참가했는데 그중에서 현민이, 다윤이, 선재가 합격을 하며 학교 대표가 되었다. 학교 대표로 뽑힌 아이들은 실험반 수업에서도 시도 교육청 대회를 준비하는 실험을 해야 했고, 아무래도 선생님들의 관심이 그쪽으로 쏠리면서 실험반 아이들 사이에 보이지 않는 벽이 생기고 말았다.

한참 물 로켓을 조립하던 선재는 소리 없이 피식 웃었다. 이런 상황이 마음에 드는 건 아니지만 나쁠 것도 없었다. 어떤 대회든 1등이 있으면 탈락하는 사람도 있을 수밖에 없고, 둘 중 하나라면 1등을 하는 편이 훨씬 낫다고 생각했다. 아이들이 째려보거나 싫은 소리를 할 때면 예전에 즐거웠던 실험반 분위기가 생각나 씁쓸하긴 했지만 어쩔 수 없는 일이었다. 선재에겐 실력이 없어 누군가를 질투하게 되는 것보다, 실력을 인정받고 질투의 대상이 되는 편이 더 나았다.

내가 정말 하고 싶은 일은 뭘까?

여러분은 무엇에 관심이 있나요? 꿈을 이루고 싶다면 제일 먼저 자신이 무엇에 관심이 많은지 알아야 합니다. 아래의 질문에 적어도 세 가지씩 답을 해 보세요. 내가 좋아하고 하고 싶은 일, 내가 싫어하고 힘들어하는 일을 알 수 있을 거예요.

나는 무슨 생각에 자주 빠져드나요?

도움말 나도 모르게 늘 하는 생각이 있나요? '게임'이어도 좋습니다. 대신 게임의 캐릭터를 생각하는지, 만들고 싶은 게임을 상상하는지, 게임에서 들은 음악이 떠오르는지, 좀 더 구체적인 내용들을 생각해 봅시다.

....

....

내 마음은 어디로 향하고 있나요?

도움말 자주 생각해 보는 미래의 모습이 있나요? 가까운 미래도 좋고 먼 미래도 좋습니다. '수학 시험에 100점을 맞는 모습'도 좋고 '과학자가 되어 멋진 로봇을 만드는 것'도 좋습니다. 직업을 떠올린다면 직업을 통해 하고 싶은 일을 같이 생각해 보세요.

....

....

나는 무엇을 가장 중요하다고 생각하나요?

➕도움말 구체적으로 생각해 보는 게 좋습니다. 만약 '부자가 되는 것'이라고 생각했다면 부자가 되는 게 왜 중요한지도 생각해 봅니다.

....

....

....

나는 어떻게 시간을 보낼 때 가장 즐거운가요?

....

....

....

나는 무엇을 하는 게 가장 견디기 힘든가요?

....

....

....

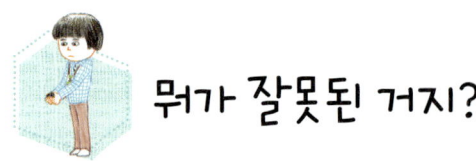 뭐가 잘못된 거지?

"선생님, 다 만들었어요!"

다른 아이들의 실험을 지켜보던 선생님이 깜짝 놀란 표정으로 선재를 돌아보았다. 아직 실험 계획서를 쓰고 있던 현민이와 다윤이도 놀란 표정이었다.

"벌써?"

선재는 완성된 물 로켓을 선생님 쪽으로 들어 보였다.

"그래. 그럼 운동장으로 나가 보자."

선생님이 앞장서서 과학실을 나섰다. 선재도 물 로켓을 들고 선생님의 뒤를 따랐다.

물 로켓을 만드는 과정은 사실 그리 복잡하지 않았다. 탄산음료 페트병 두 개로 몸체를 만들고, 머리 부분과 날개를 절연 테이프로

감아 붙이면 물 로켓 하나가 완성되었다. 처음에는 시간이 꽤 오래 걸렸지만, 이제는 눈 감고도 척척 할 수 있을 정도로 익숙해졌다.

운동장에는 이미 발사대와 과녁이 설치되어 있었다. 선재는 말없이 발사대에 물 로켓을 꽂고 각도를 조정했다. 공기를 주입하고 곧이어 발사 손잡이를 잡았다. 그때였다.

"다 확인했니?"

선생님이 선재에게 물었다.

"네."

선재의 대답에도 선생님은 다시 한 번 확인하듯 물었다.

"다 확인한 거 맞아? 발사각, 공기압, 전부 다?"

선재는 맥이 탁 풀려 손잡이를 놓았다. 그리고 선생님이 보지 않게 짧은 한숨을 내쉬었다.

선재는 올해에만 학교 대표를 뽑는 대회, 지역 교육청 대회, 이렇게 두 번의 물 로켓 대회를 치렀다. 대회에서 모두 1등을 했기에 곧 열릴 시도 교육청 대회를 준비하는 것이고, 그러는 동안 스무 번도 넘게 물 로켓을 만들고 또 쏘았다. 그런데도 선생님은 발사를 할 때마다 몇 번이고 핵심 사항을 확인하라고 강조했다. 정말이지 한숨이 나올 수밖에 없었다.

선재는 발사대를 다시 한 번 살펴본 후, 발사 손잡이를 잡았다. 그리고 과녁을 바라보며 힘껏 손잡이를 눌렀다. 물 로켓은 큰 소리로 물과 공기를 뿜으며 하늘로 날아오르는가 싶더니 잠시 후 하강하기 시작했다.

'아, 느낌이 안 좋아. 엉뚱한 데 떨어질 것 같은데?'

선재는 인상을 쓰며 물 로켓에서 시선을 떼지 않았다. 잠시 후, 물 로켓은 예상대로 과녁에서 벗어난 지점에 떨어지고 말았다.

"하아, 뭐가 문제였을까?"

선생님이 한 손으로 턱을 괸 채 물었다.

"잘 모르겠어요."

선재는 저만치 떨어져 있는 물 로켓을 바라보며 대답했다.

"물 로켓 가지고 와 봐. 좀 살펴보자."

선생님의 말씀에 선재는 터덜터덜 물 로켓 쪽으로 걸어갔다. 힘차게 솟구쳐 날아갈 때만 해도 멋지게 보이던 물 로켓이 지금은 그냥 흙바닥에 뒹구는 음료수 병으로 보였다.

'대체 뭐가 잘못된 거지?'

선재는 고개를 갸웃거리며 물 로켓을 들고 선생님에게로 걸어갔다. 물 로켓을 받아든 선생님은 오래 살펴보지도 않고 물었다.

"정말 모르겠어? 뭐가 문제인지?"

선재의 머릿속엔 딱히 떠오르는 문제가 없었다.

"날개! 날개가 잘못되었잖아."

선생님이 선재에게 물 로켓을 건네주었다. 유심히 살펴보니 정말 날개 네 개 중 하나가 살짝 비뚤어 보였다.

"아……."

선재는 그제야 알았다는 듯 고개를 끄덕였다.

"날개가 방향을 결정한다는 걸 모르지는 않았을 테고……. 실수한 거야?"

"지난번에도 이렇게 붙였는데 잘 날아갔거든요. 그래서 괜찮을 줄 알고 그냥 됐는데……."

"그땐 바람이 도와줬나 보다."

"그런가 봐요."

선생님은 심드렁하게 대답하는 선재에게 타이르듯 말했다.

"선재야, 지금 네가 하는 실험은 운에 맡길 일이 아니라 과학적 원리에 따라야 하는 일이야. 큰 대회도 얼마 남지 않았는데 지금보다 훨씬 더 집중해 주면 좋겠다. 알았지?"

"네."

"그럼 과녁이랑 발사대 정리하고 들어와."

"네."

선생님은 뒤로 돌아 현관으로 들어갔다.

"이상하다. 지난번엔 정말 잘 날아갔는데."

선재는 고개를 갸웃거리며 펼쳐져 있던 과녁판을 접었다.

'하지만 좀 너무하신 거 아냐? 맨날 이러는 것도 아닌데. 게다가 과녁 바로 옆에 떨어진 거잖아. 완전히 엉뚱한 데로 날아간 것도 아니고.'

과녁판을 접고 발사대를 정리하는 내내 선재의 입은 삐죽 나와 있었다. 정리를 끝내고 과학실로 올라가니 현민이와 다운이가 선생님과 이야기하고 있었다. 선재도 얼른 책가방을 챙겨 선생님께 갔다.

선생님은 선재를 보자 다시 한 번 당부했다.

"대회까지 2주 남았으니까, 그동안 좀 더 집중해서 세심하게 만드는 훈련을 하자. 응?"

"네."

과학실을 나서는 선재의 어깨가 저절로 축 처졌다. 그렇지만 이내 마음을 고쳐먹기로 했다.

'난 언제나 잘했어. 특히 실전에는 더 강해. 그러니까 분명히 대회에선 잘할 거야.'

선재는 몇 번이고 마음속으로 되뇌었다. 그러지 않으면 계속해서 떠오르는 선생님에 대한 원망과 찜찜함이 떨쳐질 것 같지 않았다.

드디어 시도 교육청 대회가 열리는 날, 선재네 집은 새벽부터 부산스러웠다. 토요일이라 출근하지 않는 아빠가 엄마와 함께 선재의 도시락을 준비했고, 선재는 대회에 필요한 도구들을 챙겼다.

"선재야, 이번에 잘해야 전국 대회에 나가는 거 알고 있지? 잘하고 와!"

엄마가 현관 앞에서 도시락을 건네주며 말했다.

"선재야, 마음 편하게 먹어! 최선을 다하면 되는 거야."

아빠는 아파트 복도의 엘리베이터 앞까지 나와 선재의 어깨를 두

드려 주었다.

"선재야, 얼른 타."

아파트 정문 앞으로 나가니 차에서 기다리던 선생님이 창문을 내리며 손짓했다. 선재는 꾸벅 인사를 하고 얼른 차에 올라탔다.

"컨디션은 어때?"

"좋아요."

"그래? 다행이다."

선생님은 미소를 지으며 말을 이었다.

"선재야, 선재는 물 로켓을 만드는 손재주도 좋고, 발사각을 맞추는 감각도 나쁘지 않아. 그런데 말이지……."

'그런데'라는 말에 선재는 속으로 한숨을 푹 쉬었다.

"선재야, 오늘은 각각의 과정마다 조금만 더 세심해지자. 지난 몇 주간 연습하는 동안 탄두(로켓의 머리) 각도가 안 맞거나, 날개가 비뚤어지거나, 발사각을 잘못 조정하는 일들이 있었잖아. 그런데 이게 모두 실수였어. 네가 실력이 없어서가 아니라 단순한 실수. 만약에 네가 실력이 없었으면 대회에서 두 번이나 좋은 성적을 낼 수는 없었을 거야. 그러니까 오늘은 실수 없이 너의 실력을 보여 주는 거야. 지난번 대회 때처럼! 알았지?"

"네."

대답을 하며 선재는 창밖을 바라보았다. 그렇게 한참 차를 타고 가다 보니 어느새 대회장 앞이었다. 현민이와 다윤이 그리고 기계 과학 담당 선생님이 먼저 와서 선재와 선생님을 기다리고 있었다.

"자, 얼른 모여 봐. 우리도 파이팅 한 번 하고 들어가야지."

대회장 입구에서 이름표를 받고 입장을 하기 전, 기계 과학 선생님이 아이들을 동그랗게 모아 세우며 말했다. 그러고 보니 여기저기서 우렁찬 파이팅 소리가 들려왔다.

"뭐 길게 말할 건 없고, 늘 했던 것처럼만 하자! 파이팅!"

"파이팅!"

아이들은 선생님과 손을 모아 파이팅을 외친 후, 각자의 대회장으로 들어갔다.

그때였다.

"야, 노선재!"

누군가 등 뒤에서 선재의 이름을 불렀다. 뒤를 돌아보니 건우와 소진이가 서 있었다. 예전에 영재원에서 같은 반이던 아이들이었다.

"선재야, 오랜만이다."

"그래."

건우와 선재가 인사를 나누는 동안 떨떠름한 표정으로 서 있던 소진이가 입을 떼었다.

"뭐야? 너도 나온 거야? 대박이다."

소진이 목소리를 듣자 선재의 머릿속에 잊고 있던 한마디가 또렷이 떠올랐다.

'너 바보 아냐?'

선재는 누구보다 과학에 자신이 있었다. 그래서 영재원에 가서도 분명히 주목을 받을 거라 생각했다. 그런데 영재원 수업은 선재가 상상한 것보다 훨씬 복잡하고 어려웠다. 실험만 하는 게 아니라 원리부터 차근차근 공부해야 했고 팀을 나누어 토론도 해야 했다. 재미도 없고 하기도 싫었다. 그러다 보니 어느 날부터 선재는 영재원 교재를 들여다보지도 않게 되었다. 공부가 되어 있지 않으니 토론도, 실험도 제대로 할 수 없었다.

그러던 어느 날, 토론 수업을 준비하며 조별로 의논할 때였다. 선재만 빼고 다른 아이들은 공부할 분야를 나누고 토론 준비에 대해 쉴 새 없이 이야기하고 있었다. 같은 조였던 소진이가 선재에게 여러 번 의견을 물었지만, 선재는 고개만 절레절레 저을 뿐 아무 말도 하지 않았다. 아니, 아는 게 없으니 할 말이 없었다. 답답해진 소진이가 소리를 빽 질렀다.

"야, 노선재! 너 바보 아냐? 도대체 아는 게 뭐냐?"

선재는 벌떡 일어나 교실을 나왔다. 어차피 그만두려고 했기 때문에 아쉬운 건 없었다. 그냥 기분이 몹시 나쁠 뿐이었다.

갑자기 떠오른 기억에 선재는 소진이를 한참 동안이나 쏘아 보았다. 소진이 역시 마찬가지였다.

"야, 왜 그래?"

건우가 당황했는지, 소진이 팔을 잡고 흔들며 그만하라는 신호를 보냈다.

"왜? 난 여기서 얘를 만날 줄은 진짜 몰랐어."

소진이는 거침없이 하고 싶은 말을 쏟아냈다.

"야, 선재가 만드는 건 정말 잘해."

건우가 소진이의 가시 돋친 말을 막으려고 애썼지만 소용없었다.

"만드는 것만 잘하면 뭐해? 실력이 없는데."

"헤헤, 선재야, 오늘 잘해! 나중에 또 만나자."

건우는 서둘러 인사하고 소진이를 잡아끌어 자기들 자리를 찾아갔다. 선재는 길게 한숨을 내쉬었다. 기분 같아서는 확 그냥 뒤돌아서 대회장을 나가 버리고 싶었지만 그럴 수는 없었다.

자리를 찾아 앉은 선재는 있는 힘을 다해 머리를 흔들었다. 방금 보았던 소진이의 얼굴, 자꾸만 떠오르는 영재원의 기억……. 최선을 다해 빨리 잊어야 했다.

눈을 감고 마음을 가라앉히는 사이, 대회를 진행하는 선생님들이 안으로 들어왔다. 선재는 심호흡을 하며 자세를 고쳐 앉았다. 선생님들은 대회 규칙에 대해 자세히 설명한 후 물 로켓 재료들을 나누어 주었다.

'이건 뭐지?'

선재는 재료들을 하나하나 살펴보다 고개를 갸웃거렸다. 날개를 만들 플라스틱판이 따로 없고 페트병만 세 개였기 때문이다. 재료가 이렇게 나온 건 처음이었다. 당황한 선재가 주변을 둘러보니 다른 아이들도 모두 똑같은 재료를 받아 들고 있었다.

'이 페트병 하나를 잘라서 날개를 만들어야 하는 건가 보네. 조금 번거롭긴 하지만 어차피 잘라서 날개를 만드는 건 똑같지, 뭐.'

선재는 재료들을 죽 늘어놓았다. 그리고 몸체를 먼저 만드는 다른 아이들과 달리, 먼저 페트병 하나를 잘라 날개를 만들었다. 자르고 붙이는 데 시간이 조금 더 걸릴 뿐 그리 어려운 일은 아니었다. 다행히 날개를 제외한 다른 재료들은 평소에 쓰던 것들과 큰 차이가 없었다.

조금 당황스러웠던 날개 만들기가 끝나고 나니 긴장이 풀리고 여유도 생겼다. 그래서 다음 과정부터는 더욱 속도가 났고, 선재는 전체 아이들 중 다섯 번째로 물 로켓을 완성해 제출했다.

엄마 아빠가 준비해 준 도시락으로 점심을 먹고 나니 물 로켓을 발사할 시간이 되었다. 선재는 대회에 참가한 아이들과 함께 운동장으로 나갔다. 운동장에는 발사대와 과녁이 설치되어 있었고, 운동장 옆으로는 선생님들이 서서 물 로켓 발사를 지켜보고 있었다.

물 로켓은 모두 세 번을 발사하는데, 그중에 가장 낮은 점수를 뺀 두 번의 발사 점수로 평균을 내서 순위가 정해졌다.

"53번! 13번! 41번!"

몇 명의 아이들이 발사를 하고 나서 선재의 번호인 53번이 불리었다. 선재는 제출했던 물 로켓을 받아들고 발사대로 향했다. 발사대에 물 로켓을 꽂아 발사각을 맞추고, 에어펌프로 공기를 주입했다. 그리고 '발사!'라는 구호에 맞추어 손잡이를 눌렀다.

물 로켓들은 큰 소리를 내며 동시에 하늘로 날아올랐다. 여러 대의 물 로켓이 한꺼번에 날아오르는 것을 보니 마음이 뻥 뚫리는 것처럼 시원했다. 선재를 비롯한 모든 아이들, 그리고 선생님들의 시선이 물 로켓을 따라 하늘로 향했다가 다시 땅으로 내리꽂혔다.

어느새 세 번의 발사가 모두 끝났다. 이제 며칠 후에 발표될 결과를 기다리는 일만 남았다.

"수고했다."

대회장을 나서자 선생님이 환히 웃으며 선재를 맞이했다.

"이제 전국 대회 준비하는 건가?"

선생님은 현민이와 다윤이, 선재를 번갈아 보며 말했다. 선재는 슬그머니 미소를 지었지만 현민이와 다윤이의 표정은 어둡기만 했다.

며칠 후, 선생님의 호출을 받은 선재는 수업이 끝난 후 과학실로 내려갔다. 아무래도 대회 결과가 나온 것 같았다. 과학실 문을 열자마자 가장 먼저 눈에 들어온 건 고개를 숙이고 어깨를 들썩이고 있는 다윤이의 모습이었다.

'뭐가 잘 안 됐나 보네.'

선재는 다윤이를 못 본 척하며 선생님 앞으로 갔다.

"어, 왔어? 앉아라."

컴퓨터 화면을 보고 있던 선생님이 손짓으로 앞에 있는 의자를 가리켰다. 선재는 말없이 의자에 앉았다. 선생님은 몸을 돌려 선재를 바라보았다.

"선재야, 오늘 과학 탐구 대회 수상자가 발표됐어."

선재는 그럴 줄 알았다는 듯 고개를 끄덕였다.

"선재는 이번에 은상이야."

선생님의 말이 끝나기 무섭게 선재는 고개를 푹 숙였다. 은상이라니! 각 부문에서 대상이나 금상을 받아야만 전국 대회에 나갈 수 있었다. 은상을 받았다면 선재는 전국 대회에 참가할 수 없다는 뜻이었다.

"선재야, 실망했어?"

선생님의 물음에 선재는 아무 말도 하지 못했다.

"그래. 솔직히 말하면 나도 기대했던 만큼 실망이 크긴 하다."

선재는 고개를 들 수가 없었다.

"그렇지만 은상도 결코 작은 상이 아니야. 그리고 넌 5학년이니까 내년에도 대회에 나갈 수 있잖아. 그러니까 너무 실망하지 말자, 우리. 응?"

 선생님이 선재의 어깨를 토닥여 주었지만, 선재의 귀에는 아무 말도 들어오지 않았다. 실망과 분노, 짜증과 부끄러움이 한꺼번에 마음속으로 밀려들어 왔다.

 '왜 그랬지? 큰 실수를 한 것도 아니고, 그런대로 잘한 것 같은데 왜 결과가 이 따위로 나온 거야? 엄마 아빠한테는 뭐라고 말하지? 실험반 애들은 또 얼마나 비웃을까? 아, 진짜 다 싫다. 내가 얼마나 열심히 준비했는데…….'

 선재는 여전히 고개를 숙인 채 눈을 질끈 감았다. 무릎 위에 놓였던 손은 어느새 주먹으로 바뀌어 있었다.

 슬쩍 옆을 보니 현민이와 다윤이도 전국 대회에 나갈 수 없게 된 것 같았다. 실험반에서 전국 대회에 나가는 아이는 아무도 없는 셈이다. 같이 연습하며 동질감을 느꼈기 때문에 안타깝기도 했지만, 한편으론 혼자 떨어진 게 아니어서 잘됐다는 생각도 들었다.

 "지금은 아무것도 하기 싫을 테니까 그냥 푹 쉬도록 해. 그리고 마음이 좀 괜찮아지면 그때는 문제점이 뭐였는지 차근차근 살펴보자. 그동안 정말 수고했다. 이제 그만 가 봐."

 선재는 선생님께 인사를 하고 과학실을 나왔다. 떠오르는 생각은 여러 가지였지만 머릿속에서 제멋대로 엉킨 채 도무지 정리가 되지 않았다. 지금은 그저 얼른 집에 가서 침대에 눕고만 싶었다.

관심의 싹을 찾고 나서 해야 할 일

관심을 찾는 것도 쉽지 않지만, 관심을 찾았다면 계속 가꾸고 키워 나가야 합니다. 관심을 키우기 위해 해야 할 첫 번째 일은 '밖으로 나가 무엇이든 경험하기'입니다. 집 안에 앉아 머릿속으로 생각하는 것만으로는 충분치 않습니다.

 여러분의 여러 가지 관심사 중에 가장 좋아한다고 느껴지는 것은 무엇인가요?

➕도움말 뭘 좋아하는지 잘 모르겠다고 해서 걱정할 필요는 없어요. 우리는 정말 원하는 것을 찾는 과정에서도 실수하거나 잘못 선택할 수 있거든요. 하지만 한번 해 보면 제대로 알 수 있고, 잘못 골랐다고 생각되면 다시 선택하고 다시 시작하면 됩니다.

관심 가는 일, 흥미로운 일을 찾았다면 이 흥미를 계속 자극할 방법을 찾아야 합니다. 먼저, 주변에서 나와 관심사가 같은 사람이 누가 있는지 알아보고 적어 봅시다.

➕ **도움말** 관심사가 비슷한 사람을 만나면 서로 즐거움과 정보를 나누며 함께 열정을 키워 갈 수 있어 좋아요.

....

....

....

꿈을 위해 노력할 때 좋은 '멘토'를 만나면 큰 도움을 받을 수 있습니다. 내가 찾아가고 싶은 멘토를 알아보고 이름을 적어 봅시다.

➕ **도움말** 멘토는 전문가가 좋겠지만 언니, 오빠 등 배울 게 있는 사람이면 주변의 누구라도 좋습니다. 용기를 내세요. 멘토가 될 만한 분들은 누군가 적극적으로 찾아와 관심을 나타내고 질문하는 것을 즐거워한답니다.

....

....

....

 ## 실험, 이제 재미없어!

 수업이 끝나고 선재는 과학실로 터덜터덜 걸음을 옮겼다. 과학 탐구 대회가 끝나고 처음 하는 실험반 수업이었다.
 과학실 문을 여니 늘 그렇듯 실험 재료가 세팅된 테이블과 아이들이 보였다. 하지만 지난주와 달리 이제 모든 테이블에 놓인 실험 재료들이 똑같았다. 선재는 자연스럽게 현민이와 다윤이가 앉은 테이블로 가서 앉았다.
 "선재 넌 은상이라며? 좋겠다. 우리는 장려상인데."
 다윤이가 부럽다는 듯 말했다.
 "전국 대회에 못 나가는 건 은상이나 장려상이나 똑같아."
 선재가 무덤덤하게 말하자 현민이가 고개를 저었다.
 "똑같은 건 아니지. 장려상은 거의 참가상이나 마찬가지인데."

선재가 딱히 할 말을 못 찾고 우물쭈물하는 사이 선생님이 들어왔다. 과학실을 빙 둘러본 선생님이 웃으며 물었다.

"왜들 이렇게 앉았어? 오늘은 다들 같은 실험을 할 텐데?"

아이들은 말이 없었다. 선생님은 다시 한 번 교실을 둘러보며 지시했다.

"어디 보자. 선재는 다윤이 옆으로 가서 앉고, 현민이는 태웅이 옆으로 가서 앉자."

아이들은 선생님 말씀대로 자리를 옮겨 앉았다. 그렇게 앉으니 선재와 다윤이, 승엽이가 1조가 되고 태웅이와 현민이가 2조가 되었다.

"쳇, 그냥 잘난 애들끼리 모여서 하라고 하지. 하던 대로……."

건너편 자리의 태웅이가 들릴 듯 말 듯 중얼거렸고, 승엽이는 입을 삐죽 내민 채 고개를 끄덕였다. 선재는 애써 못 본 척하며 실험 재료들만 뚫어져라 쳐다보았다.

"오늘은 활성탄으로 전지 만드는 실험을 할 거예요. 다 같이 실험 계획서를 한번 볼까요?"

아이들은 각자의 자리에 놓인 실험 계획서를 집어 들었고, 선생님은 실험 순서와 방법을 간단히 설명했다.

"자, 그럼 지금부터 실험 시작! 도구 다룰 때 조심하는 것 다들 잊지 말고!"

다른 때 같았으면 선생님 말씀이 끝나자마자 아이들의 손놀림이 바빠졌을 텐데 오늘은 이상하게도 서로 눈치만 살피며 아무도 실험 재료에 손을 대지 않았다.

"자, 자, 간단해 보여도 거저먹는 실험은 아니니까 얼른 시작하도록 하자!"

선생님의 채근에도 선재는 실험을 시작하지 않았다. 솔직히 말하면 실험이 전혀 내키지 않았다. 대회에서 떨어진 채 이 자리에 앉아 있는 것도 마음에 들지 않았고, 대놓고 싫은 티를 내는 아이들과 함께할 의욕도 없었다.

그때, 다윤이가 선재에게 구리판과 사포를 내밀며 말했다.

"에나멜선은 내가 맡을 테니 이건 네가 좀 할래?"

선재는 사포로 구리판의 겉면을 벗겨내기 시작했다. 단순하고 재미없는 일이지만 아무 생각 없이 열중하기에는 딱 좋았다. 그렇게 한참 사포질을 하고 있을 때였다.

"아앗! 어떡해!"

갑자기 다윤이가 당황하며 소리를 질렀다. 선재와 승엽이의 시선이 다윤이에게로 쏠렸다. 다윤이 앞의 테이블에는 에나멜선이 토막토막 끊겨서 나뒹굴고 있었다.

"아아, 비닐만 벗겨야 하는데 너무 세게 긁었나 봐. 선이 다 잘려 버렸네."

다윤이는 허둥지둥 선생님께 에나멜선을 더 달라고 요청했다.

"아주 살살, 조심해서 다시 해 봐. 칼로 하는 게 힘들면 사포로 벗겨도 돼."

선생님이 새 에나멜선을 내주며 주의를 주었다. 다윤이는 자리에 앉아 심호흡을 몇 번이나 하더니 숨을 죽이고 칼로 에나멜선을 벗겨 내기 시작했다.

그런 다윤이를 보며 선재는 어이가 없었다. 에나멜선의 비닐을 벗기는 일은 과학 실험에서 기초 중의 기초였다. 그런 걸 저렇게 집중해서 해야 하다니!

다윤이는 작년에 전학을 와서 올해 처음 실험반에 들어온 아이였다. 그것 말고 선재가 다윤이에 대해 아는 것은 거의 없었다. 같은 반인 적도 없고, 학기 초인 4월부터 과학 탐구 대회를 준비했기 때문에 실험반에서 함께 실험을 한 적도 없었다. 같은 반인 현민이와 팀을 이뤄 과학 탐구 대회의 기계 과학 부문에서 1등을 했고, 계획서와 설명서를 꼼꼼하게 잘 쓴다고 선생님에게 칭찬을 듣는 아이였다. 그래서 당연히 실력도 좋은 줄 알았지, 이렇게 어설플 거라고는 상상도 못했었다.

활성탄 전지에 연결된 발광 다이오드에 불이 들어오고 나니 실험은 마무리가 되었다. 예전 같으면 불이 들어올 때마다 각 테이블에서 환호성이 터져 나왔을 테지만, 오늘은 조용하기만 했다.

'앞으로 계속 이러면 어떡하지? 정말 재미없겠다.'

과학실을 나오는 발걸음이 무겁게 느껴진 건 처음이었다.

"오올! 왔어, 마이 브로?"

학원을 마치고 집에 돌아오니 거실에 있던 형이 현관 쪽으로 고개를 돌리며 소리쳤다. 선재가 집에 온 시간은 9시. 보통 이 시간이면 아빠는 도서관이나 학원에, 형은 연습실에 있었다.

"왜 이렇게 빨리 왔어?"

"오늘 월말 평가 했거든."

선재는 고개를 끄덕이며 소파에 가방을 놓고 앉았다.

"야, 잘했는지 물어보지도 않냐?"

선재는 하는 수 없다는 듯 물었다.

"잘했어?"

"1등 했지."

그때였다.

"1등이면 뭐해? 1등 처음 해 봤어?"

텔레비전을 보고 있던 엄마가 날 선 말투로 소리쳤다. 선재는 얼른 형을 쳐다보았다. 형은 잠자코 자리에서 일어나더니 그대로 방으로 들어가 버렸다.

형의 공연을 보고 온 이후, 엄마는 내내 저기압이었다. 게다가 선재가 전국 대회에 나갈 수 없게 되었으니 더더욱 기분이 좋아질 리 없었다.

그때, 현관문 열리는 소리가 들리더니 아빠가 들어왔다.

"다녀오셨어요?"

선재가 현관 쪽으로 나가며 인사를 했다. 형도 방에서 나오며 아빠에게 인사를 했다.

"오오, 윤재가 어떻게 이렇게 일찍 왔어?"

"오늘 회사에서 월말 평가 있어서 일찍 끝났어요."

"그래? 월말 평가는 잘했고?"

"1등 했어요."

"잘했네. 잘했어."

그때, 또다시 엄마가 찬물을 끼얹고 나섰다.

"잘하긴 뭘 잘해? 1등을 해 봐야 무슨 소용이 있다고! 데뷔를 해? 밥을 먹여 줘?"

"허허, 혹시 알아? 데뷔도 하고 밥도 먹여 줄지?"

아빠는 너털웃음을 웃었다.

"당신은 참 좋겠어. 마음이 어쩜 그리 편해? 그런 웃음이 나와? 난 하나도 재미가 없는데."

엄마가 형과 선재를 번갈아 바라보며 말했다. 엄마의 말에 형도 선재도 각각 다른 이유로 마음이 불편했다. 아빠는 멋쩍은 표정으로 가족들의 눈치를 보았다.

"분위기가 왜들 이래? 다들 기분이 별로인 것 같네."

옷도 갈아입지 않고 소파에 앉은 아빠는 잠깐 생각에 빠지는 듯하더니 다시 가족들을 둘러보며 물었다.

"이번 주 토요일에 시간들 어때? 바빠?"

"저는 공연이 있어요."

형의 말에 엄마가 형을 노려보았다.

"꼭 가야 하는 건 아니긴 한데……."

형이 말꼬리를 흐렸다.

"그럼, 우리 오랜만에 캠핑 가는 건 어때? 그동안 전부 바빠서 못 갔잖아."

"저는 좋아요."

"저도 좋아요."

선재와 형이 얼른 대답했다. 아빠는 엄마의 얼굴을 쳐다보았다. 엄마도 말없이 고개를 끄덕였다.

캠핑은 가족들이 모두 좋아하는 몇 안 되는 일 중 하나였다.

아빠와 형이 좋아하는 낚시는 선재와 엄마가 별로 안 좋아했고, 엄마와 아빠가 좋아하는 등산은 형과 선재가 싫어했다. 가족과 함께 주말을 보내고 싶어 했던 아빠는 모두 함께 즐길 수 있는 일을 찾느라 고심했는데, 어렵게 찾아낸 가족의 취미생활이 바로 캠핑이었다.

토요일, 가족들은 점심 때가 되어 캠핑장에 도착했다. 캠핑장에는 이미 서너 가족들이 텐트를 치고 있었다. 아빠는 도착하자마자 파라솔과 테이블부터 펼쳤다. 그리고 짐을 풀어 정리하려는 엄마의 어깨를 잡아 의자에 앉혔다.

"자, 우리가 다 알아서 할 테니 당신은 여기 앉아서 구경만 해."

엄마가 의자에 앉아 쉬는 동안 아빠와 형은 텐트를 설치했고, 선재는 잔심부름을 했다. 텐트를 치고 간단한 점심을 먹은 후엔 자유시간이 이어졌다. 형과 선재는 텐트 안에, 엄마와 아빠는 파라솔 테이블에 자리를 잡았다. 각자 음악을 듣거나 낮잠을 자거나 이야기를 나누며 모처럼 평화로운 오후 시간을 보냈다.

"윤재야, 선재야, 저녁 준비하자!"

아빠가 부르는 소리에 형과 선재는 주섬주섬 신발을 찾아 텐트 밖으로 나갔다.

닭고기와 채소를 비롯해 온갖 음식 재료들이 수북한 테이블을 보고 선재의 입이 딱 벌어졌다.

"헉! 이게 다 뭐예요?"

"아빠가 솜씨 좀 발휘해 보려고 너희 잘 때 장 보러 갔다 왔지."

아빠는 눈을 반짝반짝 빛내며 재료들을 용도에 맞게 나누었다.

"자, 선재는 거기서 양파 껍질 까고, 윤재는 여기 와서 숯에 불을 좀 붙여라."

선재와 윤재는 곧장 아빠가 시킨 일을 하기 시작했지만, 뭘 해도 더디고 속도가 나지 않았다.

"얘들아, 그렇게 느릿느릿 해서야 언제 저녁 먹겠어? 빨리빨리 좀 해 줄래?"

테이블에 앉은 엄마가 형과 선재를 보며 오랜만에 웃는 얼굴로 말을 걸었다. 그 순간, 선재의 가슴 속에 묵직하게 걸려 있던 무언가가 쑥 내려가는 것 같았다. 형도 마찬가지였는지 손놀림이 빨라지기 시작했다. 또한 지금 이 순간 누구보다 즐거워 보이는 건 아빠였다. 원래 캠핑을 오면 아빠가 주로 음식을 만들기는 했지만 오늘은 전보다 훨씬 더 활기차 보였다.

"아빠, 그런데 그건 뭐예요?"

선재는 아빠가 요리하는 모습을 보며 고개를 갸웃거렸다. 아빠는 닭을 손질해 양념을 잔뜩 바르고 맥주가 든 캔에 닭을 꽂았다.

"이건 '비어캔치킨'이라고 하는 거야."

"네, 네. 누가 봐도 비어캔이랑 치킨이긴 하네요."

형도 신기한 듯 닭을 요리조리 살펴보았다.

"이렇게 해서 바비큐 그릴에 넣으면 맥주 증기가 닭에 스며들어 고기가 훨씬 부드럽고 맛있어진다고 하더라고. 아빠도 처음 해 보는 건데 왠지 엄청 맛있을 것 같지 않니?"

"아, 닭이 너무 고통스러워 보여요."

형이 고개를 절레절레 저었다. 선재 역시 인상을 찌푸렸다.

"그래, 내가 봐도 비주얼은 좀 별로다. 그렇다면, 에잇!"

아빠는 바비큐 그릴에 재빨리 감자와 고구마 그리고 비어캔치킨을 넣고서 뚜껑을 확 닫았다.

"자, 이제 안 보이니까 괜찮지?"

엄마는 아빠와 형, 선재의 대화가 재미있는지 아까부터 깔깔 웃고 있었다.

시간이 흐르고 비어캔치킨은 노릇노릇 맛있는 색깔로 구워져 바비큐 그릴에서 나왔다. 아빠는 치킨을 먹기 좋게 잘라 접시에 나누었고, 형은 밥과 반찬을 테이블에 놓았다. 최근 들어 가장 맛있고 즐거운 저녁 식사였다.

저녁을 다 먹고 나서도 시간은 7시밖에 되지 않았고, 해가 길어서 아직도 사방이 환하게 밝았다.

"자, 그럼 마지막 정리까지 부탁하고 나는 스파에 좀 다녀올게."

엄마는 식사를 마치고 난 후 차를 타고 캠핑장을 나갔다. 캠핑장 옆에는 유명한 온천이 있어서, 엄마는 여기 올 때마다 혼자 오붓이 온천을 즐기곤 했다.

엄마가 떠나자 아빠와 형, 선재는 저녁 먹은 자리를 정리하고 장작불 주변으로 둘러앉았다. 아빠는 커피 한 잔, 그리고 형과 선재는 핫초코 한 잔씩을 든 채……. 장작불은 타닥타닥 소리를 내며 작은 불꽃을 만들어 냈다. 더없이 평화로운 풍경이었다.

생각 키우기 3
나의 그릇은 얼마나 될까?

> 관심사를 찾았다면 끈기를 가지고 노력해야 합니다. '열정적 끈기'를 '그릿'이라고 합니다. 여러분은 얼마나 그릿이 강한 사람일까요? 혹시나 그릿 점수가 낮게 나왔다 해도 기죽을 필요는 없어요. 누구나 노력하면 그릿을 키워 갈 수 있답니다.

● 다음 표를 보고 자신에게 맞는 곳에 동그라미를 쳐 보세요.
 (자신이 체크한 점수를 모두 더한 후, 8로 나누세요. 1점이 최저, 5점이 최고점입니다. 점수가 높을수록 그릿이 강한 사람입니다.)

항목	전혀 그렇지 않다	그렇지 않다	그런 편이다	그렇다	매우 그렇다
1. 나는 새로운 아이디어나 목표가 생겨서 하고 있는 일에 소홀해진 적이 있다.	5	4	3	2	1
2. 걸림돌이나 방해물이 생겨 힘이 들어도 크게 실망하지 않는다. 나는 쉽게 포기하지 않는다.	1	2	3	4	5
3. 나는 어떤 아이디어에 푹 빠졌다가 얼마 못 가 흥미를 잃은 적이 있다.	5	4	3	2	1
4. 나는 노력형이다.	1	2	3	4	5
5. 나는 한 가지 목표를 세워 놓고도 종종 다른 목표를 따라 갈 때가 있다.	5	4	3	2	1
6. 나는 몇 개월 이상 걸리는 일에 계속 집중하는 것이 힘들다.	5	4	3	2	1
7. 나는 시작한 일은 반드시 끝을 맺는 사람이다.	1	2	3	4	5
8. 나는 성실하고 부지런한 사람이다.	1	2	3	4	5

출처 : Duckworth, A.L, & Quinn, P.D. (2009). Development and validation of the Short Grit Scale(GritS). Journal of Personality Assessment, 91, 166-174.

 # 아빠와 형의 비밀 병기, 그릿

"아들들, 요즘 많이 힘드신가? 둘 다 얼굴이 어둑어둑하던데……. 아빠가 잘못 봤나?"

장작불을 사이에 두고 한참 동안 흐르던 정적을 깨고 말을 꺼낸 사람은 아빠였다. 아빠의 말이 끝나기 무섭게 윤재가 짧은 한숨을 쉬었다.

"윤재 넌 요 며칠 엄마랑 얘기도 잘 안 하는 것 같던데, 왜 그러는 거야?"

"아빠 모르셨어요? 저 엄마랑 제대로 대화 안 한 지 1년도 넘었을 걸요."

아빠가 깜짝 놀란 얼굴로 형을 바라보았다.

"그래? 그렇게까지 오래 된 줄은 몰랐는데 내가 왜 눈치를 못 챘지?"

"아예 말을 안 한 건 아니니까요. 그냥 엄마가 뭘 물어도 제가 대꾸를 잘 안 했거든요. 얘기 길게 해 봐야 목소리만 커지고 항상 기분이 상하게 되니까……."

아빠는 고개를 끄덕였다.

"늘 조용하니까 별일 없는 줄 알았네. 그런데 윤재 너는 엄마랑 왜 대화가 안 된다고 생각해?"

"엄마는 제가 연습생하는 걸 별로 안 좋아하시는 것 같아요. 길거리에서 공연하는 건 폼도 안 나고 보기 싫으니까. 빨리 데뷔하고 성공하길 바라는 것 아니에요?"

"아, 그건 아닌 것 같은데……."

아빠는 손으로 턱을 괴며 말을 이었다.

"엄마는 불안한 거야. 네가 선택한 길이니까 믿고 지켜봐야 한다고 생각하다가도 혹시 기대만큼 잘 안 되면 어쩌나, 만에 하나 데뷔를 못 하면 어쩌나 싶어 걱정이 많은 거지. 너도 알다시피 우리나라에 연습생들이 얼마나 많고, 경쟁은 또 얼마나 치열하냐? 게다가 몇 년 동안이나 연습생 생활만 했으니 만약 안 된다고 했을 땐 다른 길을 찾기도 힘들잖아."

"아빠, 그건 저도 알아요."

형은 길게 한숨을 내쉰 뒤 말을 이어 갔다.

"우리끼리도 그런 얘기 많이 해요. 만약에 데뷔 못 하면 어떡하지? 우리 회사에는 5년, 7년 동안 연습만 하는 형, 누나들도 있어요. 이미 실력은 다 프로들인데 기회를 못 잡아서 데뷔를 못 해요. 데뷔조에 올라갔다가도 회사 사정 때문에 데뷔 못 하고 다시 연습생으로 내려오는 형, 누나들을 보고 있으면 그게 우리 모습이 될까 봐 정말 조마조마해요. 우리가 공부를 열심히 한 것도 아니고 우리한텐 이

길밖에 없으니까요."

 형은 한마디, 한마디 진지하게 말을 이어 갔다. 아빠는 팔짱을 낀 채 묵묵히 형의 말을 듣고만 있었다.

 "아빠, 그런데요, 정말 걱정하지 않으셔도 돼요. 저랑 같이 들어온 연습생들 중에 남아 있는 사람은 저까지 세 명밖에 없어요. 새로 들어오는 애들 중에서도 그만두고 나간 애들이 얼마나 많은지 아세요? 실력이 좋은데도 선생님 말 한마디에, 월말 평가 순위 한 번 떨어진 거에 주저앉고 포기하는 애들이 얼마나 많은데요. 꼭 성공하고 싶다고 하면서도 규칙을 어겨서 쫓겨나는 애들도 부지기수예요. 솔직히 저도 가끔 기운이 빠질 때도 있어요. 그렇지만 그럴수록 더 규칙도 잘 지키고 이를 악물어요. 뭔가 확실히 보여 주고 싶으니까요. 그래서 데뷔 때까지 허술하게 연습하지 않으려는 거예요."

 형은 숨을 길게 내쉬더니 아빠를 바라보며 힘주어 말했다.

 "지난번에 저한테 아빠가 말씀하신 거 있잖아요? 저 그거 진짜 늘 생각하고 있거든요."

 '지난번에 말씀하신 거?'

 선재는 고개를 갸웃거리며 아빠와 형을 번갈아 쳐다보았다. 아빠는 고개를 끄덕이며 물었다.

 "그래? 뭔가 달라지는 게 있었어?"

형은 갑자기 양쪽 소매를 걷어 두 팔을 쭉 내밀었다. 아빠와 선재는 형의 팔을 자세히 살펴보았다.

"팔 굵기가 달라졌어요."

정말이었다. 형의 두 팔은 장작불 빛에도 훤히 알아볼 정도로 굵기가 달라져 있었다.

"헐! 팔이 왜 그래?"

선재는 깜짝 놀라 소리쳤다. 아빠도 놀란 표정이었다. 형은 머쓱하게 웃으며 다시 소매를 내렸다.

"제가 파핑이나 로킹, 힙합 같은 건 정말 자신 있거든요. 그런데 딱 하나 못하는 게 비보잉이었어요. 다른 건 그런대로 하겠는데, 팔이랑 어깨 힘이 부족해서 프리즈나 파워무브 같은 동작들은 진짜 못하겠더라고요. 그래서 매일 회사 헬스장에서 한 시간씩 근력 운동을 하면서 동작 연습을 같이 했어요. 그랬더니 이렇게 오른팔만 굵어지더라고요. 이 팔로만 온몸을 지탱해야 하니까."

"그랬구나. 힘들지 않았어?"

"엄청 힘들었죠. 처음 한동안은 숟가락도 못 들었어요. 그런데 이제는 괜찮아요. 지난번 평가 때는 트레이너 선생님께 칭찬도 많이 받았어요. 사실, 저 길거리 공연을 하는 것도 비보잉 때문이에요. 제가 연습한 게 사람들한테 얼마나 인정받을 수 있는지 궁금했거든요.

누가 하라는 것도 아니고 꼭 해야 하는 것도 아니었어요. 그런데 엄마는 그걸 보시고…… 아후."

형은 웃으며 말했지만 아빠의 표정은 여전히 심각했다.

"그래, 그런데 아빠는 네가 지금처럼 엄마에게 네 상황을 자세하게 이야기하고 진지하게 설득하면 좋을 것 같은데……."

형은 고개를 가로저었다.

"아니에요. 데뷔조 올라가면 그때 말씀드릴 거예요. 그전까지는 어떤 말씀을 드려도 같은 이야기만 반복될 것 같아요. 일단은 뭔가를 제대로 보여드려야죠."

"엄마를 원망하는 건 아니지?"

"솔직히 처음에 연습생 들어갔을 땐 그런 마음도 조금 있었어요. 친구들 중에는 부모님이 팍팍 밀어 주는 애도 있고, 매니저처럼 따라다니는 애도 있거든요. 처음엔 그렇게 부모님께 지원 받는 애들이 부러웠는데, 지금은 아니에요. 그 친구들은 부담감이 너무 커서 오히려 저를 부러워하기도 해요."

"그렇구나. 그런데 엄마가 너한테 관심이 없는 건 절대 아니야. 관심이 없으면 화도 안 내지."

"네, 알아요."

형의 말에 아빠는 천천히, 무겁게 고개를 끄덕였다. 그러더니 이번에는 선재를 바라보았다.

"선재, 너도 요즘 고민이 많지?"

"아, 저, 저는……."

형의 이야기에 너무 집중한 탓인지, 급작스러운 아빠의 질문에 선재는 당황하며 할 말을 찾지 못했다.

"과학 탐구 대회 끝나고 나서부터 어쩐지 기운이 영 없어 보이던데. 아니야?"

아빠가 선재를 향해 미소를 지었다. 선재는 입을 쭉 내민 채 고개를 끄덕였다.

"좀 그런 것 같아요."

"좀 그런 것 같은 건 또 뭐야?"

형이 웃으며 말했다.

"아니, 그게……."

선재는 멋쩍은 웃음을 짓고 나서 아빠를 보며 말했다.

"솔직히 저는 이번 대회에서 대상 받고 계속 연습해서 전국 대회 나갈 생각만 했지, 이렇게 될 줄은 몰랐어요."

"그래, 네가 얼마나 열심히 준비했는지는 아빠도 알지. 아빠가 너였어도 정말 속이 많이 상했을 것 같아."

그동안 계속 풀이 죽어 있었는데, 자신의 마음을 알아 주고 다독여 주는 아빠의 말을 들으니 선재는 마음이 울컥했다.

"그런데 선재야, 이미 결과는 나온 거니까 이제 받아들여야 하지 않을까? 계속 그 생각 때문에 속상해할 순 없잖아."

"네, 저도 알아요. 하지만 요즘은 확실히 실험반 가는 게 재미없어졌어요."

"아니, 왜? 너 실험반 수업 제일 좋아했잖아."

선재는 고개를 끄덕였다.

"맞아요. 그런데 대회 끝난 뒤로 실험반 분위기가 별로 좋지 않아요. 전에는 대회 나가는 애들이랑 안 나가는 애들이 따로 실험을 했는데, 이제 다 같이 실험을 하게 됐거든요. 그러면서 좀 껄끄러운 분위기가 됐어요. 서로 같이 하기가 싫은지 무슨 말만 나와도 서로 인상 쓰고, 투덜거리고. 그러면서 실험도 좀 시시하게 느껴지고……. 아무튼 다 별로예요."

"그러니까, 대회에서 성적이 좋지 못해 실망스러운 데다가 실험반 수업까지 재미가 없어져서 요즘 계속 기운이 없는 거였네?"

"네."

선재는 고개를 끄덕였다.

"그럼 어떻게 하면 네가 기분 좋게 지낼 수 있을 것 같아?"

선재는 한참을 생각하다 대답했다.

"지금은 잘 모르겠어요. 그렇지만 내년에 다시 대회를 준비하게 되면 좀 더 재미있어질 것 같기는 해요. 그땐 연습도 더 많이 하고, 전국 대회에도 꼭 나갈 거예요."

"그래, 좋아. 앞으로 기회는 많아."

아빠가 선재와 형의 어깨에 양손을 올리며 말했다.

"아들들, 각자 고민도 많고 힘도 들겠지만 파이팅하자. 요즘 둘 다 너무 활기가 없어. 알았지?"

선재와 형은 고개를 끄덕였다. 그때, 멀리서 차가 들어오는 불빛이 보였다.

"어? 엄마 오나 보다. 얼른 커피 한 잔 준비해야겠다."

아빠는 벌떡 일어나 물을 끓이러 갔다. 그러느라 선재는 꼭 묻고 싶었던 걸 묻지 못했다. 바로 형이 아까 말한 '지난번에 아빠가 말씀하신 거'의 정체였다. 그게 대체 뭐기에 형이 팔 굵기가 달라지도록 연습을 하게 만든 건지 너무나 궁금했다. 그렇지만 아무래도 거기에 대한 답을 듣는 건 다음 기회로 미뤄야 할 것 같았다.

월요일 아침, 선재가 무거운 발걸음으로 학교를 향해 걸어가고 있을 때였다.

"어? 신 선생님!"

"아이고, 안녕하세요?"

등 뒤에서 귀에 익은 목소리가 들려 왔다. 실험반 선생님의 목소리였다. 뒤로 돌아 인사를 할까 말까 망설이는데 두 선생님의 대화가 이어졌다.

"아참, 그 과학 탐구 대회, 전국 대회에는 못 나가게 되었다면서요?"

"네, 아쉽지만 그렇게 됐어요."

과학 탐구 대회 이야기에 멈칫한 선재는 선생님들이 나누는 이야기에 귀를 기울였다.

"워낙 잘한다고 들었는데, 어쩌다가 떨어졌대요?"

"실력들은 다 좋은데, 안 해도 될 실수를 가끔 하더라고요. 아직 어려서 그런지 팀워크도 약하고. 전반적으로 아이들이 좀 나태하긴 했어요. 실력들만 믿고 노력하지 않은 거죠."

"내년에 또 기회가 있겠지요."

"후우, 그게……. 이대로라면 내년에 나가도 더 좋은 결과가 있을 것 같지는 않아서요."

"네에? 그럼 내년에는 아예 안 나갈 수도 있어요?"

"아이들 하는 거 보면서 판단하려고요. 계속 지금과 똑같으면 못 나가지요."

선재는 걸음을 서둘렀다. 빨라진 걸음만큼이나 심장도 빠르게 뛰었다.

'내년에 대회에 못 나갈 수도 있다고? 안 되는데. 꼭 나가야 하는데…….'

수업을 들으면서도, 밥을 먹으면서도 선재의 머릿속에는 아침에 들었던 선생님의 이야기가 뱅뱅 맴을 돌았다. 수업을 마치고 집에 돌아와서도 계속 같은 생각뿐이었다. 선재는 아무것도 하기가 싫어 침대에 비스듬히 앉은 채 휴대 전화만 들여다보고 있었다.

"선재야! 오늘은 저녁 일찍 먹어야 돼. 학원 가야 하잖아."

엄마가 방문을 열며 말했다. 선재는 부스스 몸을 일으켜 주방으로 가 식탁에 앉았다.

"선재야, 무슨 일 있어? 왜 그렇게 힘이 없어?"

회사에서 일찍 돌아와 먼저 식탁에 앉아 있던 아빠가 걱정스러운 표정으로 물었다. 그러나 아빠에게 이야기를 할까 말까 망설이던 선재의 입에서 나온 대답은 '아니에요'가 전부였다. 밥을 먹는 내내 아빠가 선재의 표정을 살피는 것 같았지만, 입맛이 없어 먹는 둥 마는 둥 하던 선재는 끝내 아무 말도 하지 않았다.

"선재야, 같이 가자!"

학원에 가려고 신발을 신고 있을 때, 아빠가 가방을 챙겨 나오며 말했다.

"도서관 가세요?"

아빠는 웃으며 고개를 끄덕였다.

얼마 전, 아빠는 오래 전 미루어 놓았던 자격증 공부를 시작했다고 했다. 어떤 자격증인지 모르지만 공부할 게 많은 것 같았다. 1주일에 두 번은 학원에 들렀다 늦은 시간에 돌아왔고, 다른 날도 저녁 식사를 마치고 나면 곧장 아파트 단지 안에 있는 도서관으로 공부하러 나갈 정도였다.

도서관 앞에서 아빠와 헤어지고 학원에 갔지만, 선재는 학원 수업에도 집중을 할 수 없었다. 머릿속에 계속 '내년에 대회에 못 나가면 어떡하지?'라는 생각만 맴돌았기 때문이다.

어떻게 했는지도 모를 학원 수업을 마치고 집에 오는 길, 선재는 도서관에 들러 창문 안을 들여다보았다. 아빠는 마치 책 속으로 빠져 들어가기라도 할 듯 집중하고 있었다. 평소에 보지 못했던 아빠의 모습이 왠지 낯설기도 하고 멋있기도 했다. 한참 동안 책을 보던 아빠는 목이 뻐근한지 고개를 들어 목 스트레칭을 했고, 그러다 선재와 눈이 마주쳤다.

아빠는 선재에게 거기 있으라는 손짓을 하고 책을 가방에 넣었다. 그리고 잠시 후, 선재가 서 있는 곳으로 나왔다.

"학원 끝났어?"

"네."

"잘됐다. 어깨도 아프고 해서 오늘은 이 정도만 하고 집에 가려고 했거든. 같이 가자."

아빠는 선재의 어깨에 손을 두르고 집 쪽으로 걸었다.

"선재야, 덥지? 우리 아이스크림 하나씩 먹고 갈까?"

선재는 웃으며 고개를 끄덕였다. 아빠와 선재는 슈퍼에 들러 아이스크림을 하나씩 사 들고 놀이터로 갔다. 그리고 벤치에 앉아 아이스크림을 먹기 시작했다.

"선재, 너 솔직히 말해 봐. 오늘 왜 그렇게 기분이 안 좋아?"

선재는 아빠에게 선생님들이 했던 이야기를 전했다.

"아, 그랬구나. 그런데 왜 저녁 먹을 땐 아무 일도 없다고 했어?"

"엄마가 이것저것 물어보실 것 같아서요. 그리고 선생님이 그렇게 얘기했다고 하면 엄마는 혼내실 거예요. 그러니까 진즉에 좀 잘하지 그랬냐고."

"하하하하!"

아이스크림을 베어 물며 크게 웃던 아빠는 이내 언제 웃었냐는 듯 선재를 돌아보았다.

"선재야, 아빠가 뭐 하나만 물어볼게. 넌 목표가 뭐야?"

선재는 갑작스런 질문에 선뜻 대답을 하지 못하고 머뭇거렸다.

"뭐 대단하고 거창한 목표를 말하라는 게 아니야. 지금 네가 생각하는, 가장 이루고 싶은 일이 뭐냐는 거지."

"내년에 전국 대회에 나가는 거요. 지금은 그 생각밖에 없어요."

선재는 힘없이 고개를 푹 숙였다.

"선재야, 아빠는 선재가 꼭 생각해 봤으면 하는 말이 하나 있어."

"네? 그게 뭐예요?"

"네 형한테도 얘기해 줬는데, '그릿'(grit)이라는 말이 있거든."

"저는 처음 들어 봐요."

"그릿은 '모래', '작은 돌'이라는 뜻을 가진 영어 단어야. '악물다'라는 뜻도 있고 '투지'라는 뜻도 있어. 선재 너도 '이를 악물고 노력한다'는 말, 알고 있지? 그릿이라는 말에는 그렇게 '이로 모래를 꽉 무는 것 같은 힘으로 열심히 노력한다'는 의미도 담겨 있어."

이로 모래를 꽉 물다니, 상상만 해도 턱이 아프고 괴로워지는 것 같아 얼굴이 절로 찌푸려졌다. 아빠는 그런 선재를 보며 웃으며 말을 이어갔다.

"하하, 그렇다고 실제로 이를 악물어 볼 필요는 없어. 그만큼 열정적으로, 그리고 끈질기게 뭔가를 한다는 뜻이지. 음, 이를테면 '열정적 끈기'라고나 할까? 열정도 어렵고, 끈기도 어려운데 그 두 개가 함께 섞였으니 얼마나 어려운 일이겠냐? 그래서 아무나 쉽게 가질 수 없는 힘이기도 해."

선재는 고개를 끄덕였다. 아빠는 아이스크림을 또 크게 한 입 베어 물고 말했다.

"선재 넌, 어릴 때부터 굉장히 똑똑했어. 뭔가를 설명하면 잘 알아듣고 이해력이 좋았거든. 수학이든 과학이든 문제 풀이도 굉장히 잘했고. 그래서 아빠 진지하게 생각했었다. 네가 진짜 사람들이 말하는 천재가 아닐까 하고."

선재의 입에서 '풉' 하고 웃음이 나왔다.

"왜 웃어? 정말이었는데. 그런데 네가 학교를 다니고 본격적으로 공부를 하면서부터 좀 특이한 점을 발견했어."

"특이한 점이요?"

"응. 그게 뭐냐면, 넌 네가 딱 할 수 있는 만큼만 하더라고."

선재는 아빠의 말씀을 알 수 없다는 듯 고개를 갸웃거렸다.

"그러니까 무슨 말인가 하면……. 언젠가 네가 체육 시간에 '뜀틀 넘기'를 한 번도 해 본 적 없다고 얘기한 거, 기억 나?"

"네."

선재는 운동을 정말 못했다. 움직임이 느리고, 팔다리가 뻣뻣하고, 힘도 약했다. 그런 까닭에 체육 시간에 하는 모든 운동이 다 싫었지만 그중에서도 가장 싫었던 게 바로 뜀틀 넘기였다. 그런데 사실 선재는 뜀틀 넘기를 한 번도 해 본 적이 없었다. 순서가 되면 어쩔 수 없이 뜀틀을 향해 뛰어가지만 늘 구름판 앞에서 발을 멈추었기 때문이다. 이유는 뻔했다. 어차피 해도 안 될 거니까.

"지금은 어때? 뜀틀 넘기 해 본 적은 있어?"

"아니요."

"왜?"

"못하니까요. 어차피 못해서 뜀틀 중간에 주저앉고 말 텐데 뭐하러 해요? 그러면 애들이 비웃는단 말이에요. 실패하는 것도 싫고,

애들 앞에서 창피한 것도 싫어요."

"그래. 아빠 얘기가 바로 그거였어. 네가 할 수 있는 만큼만 한다는 건 결국 할 수 없다고 생각하는 건 아예 하지 않거나 바로 포기한다는 뜻이거든."

"아니에요. 체육만 그래요, 체육만. 다른 건, 특히 과학이나 실험은 정말 열심히 한단 말이에요."

선재가 조금은 억울한 듯 목소리를 높였다.

"과연 그랬을까? 너 예전에 영재원에 가서 공부한 적 있었지?"

"네."

선재는 고개를 끄덕였다.

"그런데 그 영재원 얼마나 다녔지?"

"한 달 반이요."

선재의 목소리가 갑자기 작아졌다. 그제야 선재는 아빠가 하는 말이 무슨 뜻인지 어렴풋이 알 것 같았다. 영재원을 그만둔 건 소진이의 말을 듣고 나서였지만, 선재가 영재원 수업을 포기한 건 그보다 훨씬 전이었다.

"그 한 달 반도 참 힘들게 다녔잖아. 갔다 올 때마다 짜증 내고, 하기 싫다고 하고."

"맞아요."

선재는 고개를 끄덕였다.

아빠의 말씀을 듣고 보니, 그 일 말고도 여러 가지가 떠올랐다. 3학년 때는 처음으로 수학 경시 대회에 나가겠다고 했다가 고학년 수준의 문제들을 보고 바로 포기했고, 작년에는 발명품 대회에 나가려고 했다가 공부할 것이 생각보다 많아 포기했다. 체육, 미술처럼 워낙 재능이 없다고 생각하는 과목은 아예 손도 대지 않고 포기한 게 한두 번이 아니었다.

"그런데요, 아빠. 저는 잘하는 걸 하는 게 재미있지, 잘 못하는 걸 하면 재미가 없어요."

한참을 생각하던 선재가 아빠를 보며 힘없이 말했다.

"하하하, 당연하지. 그건 누구나 마찬가지야."

"그런데 제가 그릿? 그걸 생각했으면 좋겠다고 하셨잖아요. 그럼 잘 못하는 것도 이 악물고 해야 한다는 거 아니에요?"

"음, 그렇게 받아들이면 좀 곤란하지. 우리, 실험반 선생님께서 말씀하신 걸 한번 잘 생각해 보자. 어떤 점이 부족하다고 하셨지?"

"실력을 믿고 노력하지 않는 거요? 나태하다고도 하셨어요."

"그 말씀을 그릿과 연결해서 생각해 볼 수 있지 않을까?"

노력 부족, 나태함 그리고 열정적 끈기라는 뜻을 가진 그릿……. 선재는 가만히 생각해 보았다.

'아빠는 내가 정말 노력하지 않았다고 생각하시는 건가? 끈기가 부족해서 선생님께 그런 이야기를 들었다고? 아니야, 난 정말 열심히 했어. 꼭 그렇게 고통스럽게 해야만 제대로 노력하는 건가? 아니잖아. 내가 얼마나 열심히 연습했는데.'

선재는 눈을 질끈 감으며 고개를 절레절레 저었다. 그리고 아빠를 보며 억울하다는 듯 말을 토해냈다.

"그런데요, 아빠. 저는 정말 노력했어요. 선생님께서 그걸 몰라주시는 것 같아요."

"음…… 아빠 생각엔 네가 지금까지 노력보다는 몰입을 했다고 생각해."

"몰입이요?"

"응. 너도 알겠지만 몰입이란 어떤 일에 완전히 집중해 있는 상태거든. 아빠는 너만 할 때, 수학에서 도형이 그렇게 재미있는 거야. 그래서 도형 문제를 풀 때면 옆에서 무슨 소리를 해도 못 들을 만큼 집중했거든."

선재는 고개를 끄덕였다.

"저도 그랬어요. 물 로켓을 만들 때는 너무 재미있어서 친구가 말을 걸어도 잘 몰랐어요."

"그래. 맞아. 사람들은 그렇게 자기 수준에서 별로 어렵지 않은 문제를 해결할 때 몰입하게 된대. 아마도 네가 물 로켓을 잘 만들 수 있었던 건, 그런 몰입이 있었기 때문일 거야. 그런데 내가 볼 때 지금의 너에게 필요한 건 몰입보다는 '의식적인 연습'인 것 같아."

"의식적인 연습이요?"

"응. 의식적인 연습이라는 건 조금 더 어려운 수준의 문제를 해결하기 위해 도전하는 걸 말하는 거야. 사실 연습이라고 하기에는 좀 미안할 정도로 힘든 일이 될 수도 있어. 자기가 할 수 있는 것 이상의 것을 해내야 하니까 말이야."

아빠의 말을 듣는 동안 선재의 머릿속에 떠오르는 게 하나 있었다. 바로 얼마 전에 캠핑장에서 본 형의 팔이었다. 선재는 몸을 돌려 아빠를 보며 물었다.

"아빠, 혹시 형도 의식적인 연습을 한 거예요?"

아빠는 고개를 끄덕였다.

"맞아. 그동안 하지 못했던 비보잉에 도전했고, 팔 굵기가 달라질 정도로 고통스럽게 연습을 했으니까."

"그럼 저는 어떤 의식적인 연습이 필요한 거예요?"

아빠는 잠깐 생각해 보고 말했다.

"만약 아빠가 너라면 실험에 관련된 책이나 사이트 같은 걸 알아보고, 해 보고 싶었지만 어렵게 생각돼서 하지 못했던 실험을 찾아

볼 것 같아. 물론 혼자서는 못할 테니까 도와줄 사람이 필요하겠지. 그때 선생님을 찾아가서 여쭤보는 거야. 그러면서 문제를 해결해 나가는 거지."

"아, 꼭 그래야 해요?"

선재는 미간을 찌푸렸다.

"아니. 꼭 해야 하는 건 아니야. 그런데 자기가 가진 기술을 한 단계 끌어올리겠다는 의지가 생겼을 때 의식적인 연습을 하면 좋은 성과를 얻을 수 있거든. 내가 볼 땐 네가 지금 딱 그때인 것 같아서 얘기해 준 거야. 넌 지금보다 더 나아지고 싶고, 그걸 선생님께 인정받고 싶어 하잖아."

"맞아요."

"그러니까 의식적인 연습을 시작할 것인지 아닌지는 네가 선택하는 거야. 아빠의 말은 조언이지. 네가 목표에 조금이라도 다가갈 수 있게 도와주고 싶어서 하는 말. 무슨 뜻인지 알지?"

"네."

"그럼 이제 그만 들어가자. 엄마 걱정하겠다."

이야기를 마친 아빠가 벤치에서 일어섰다. 선재도 아빠를 따라 일어섰다.

그날 밤, 자려고 누운 선재의 머릿속에 여러 가지 생각들이 떠올랐다.

'정말 아빠 말씀대로 해 볼까? 그러면 정말 달라질 수 있을까? 너무 힘들고 귀찮을 것 같은데 어떡하지?'

생각하면 할수록 한숨만 나왔다. 그런데 문득 이런 생각이 들기 시작했다.

'아무것도 하지 않고 있는 것보다는 아빠 말씀대로라도 해 보는 게 낫지 않을까? 만약 그렇게 해서 내년에 대회에 나갈 수 있다면, 그리고 전국 대회에서 상을 받을 수 있다면 못할 것도 없잖아.'

마음이 두 개로 나눠진 것 같았다. 하고 싶지 않은 마음 하나와 하고 싶은 마음 하나. 선재는 이불을 머리 위까지 뒤집어쓰고 눈을 감았다.

성공의 열쇠, 의식적인 연습!

열정적 끈기를 갖추었다면 제대로 된 연습이 필요합니다. 제대로 된 연습이란 바로 '어제보다 잘하려고 매일 단련하는' 연습이에요. 공부를 잘하고 싶다면 구체적으로 내용을 정해서 하루에 몇 시간씩, 몇 주 또는 몇 달간 집중적으로 노력해야 합니다.

수학 공부를 가정해서 생각해 볼까요?

1. 구체적인 목표가 있나요? 무엇인가요?

   ➕ 도움말 예를 들어, 수학 시험 점수 90점 이상을 목표로 삼을 수도 있을 거예요. 그러나 '분수 문제를 다 풀겠다' 같은 것도 좋은 목표가 될 수 있습니다.

   ....
   ....

2. 지난 1년 동안 배웠던 수학 내용 중에서 특히 잘 못했던 내용이 있었나요?

   ....
   ....

3. 그 부분을 보완하기 위해 특별히 했던 노력이 있나요?

   ➕ 도움말 '그 부분의 문제집을 몇 권 풀었다', '선생님에게 찾아가서 질문을 했다', '친구에게 물어보았다', '인터넷에서 강의를 찾아 들었다' 등 어떤 노력도 좋습니다.

   ....

나도 할 수 있을까?

다음 날, 학교에 간 선재는 점심을 먹자마자 학교 도서관으로 향했다. 과학 실험에 관한 책들을 찾아 한 권씩 읽어 가는데, 기대와 달리 마음이 확 끌리는 실험이 하나도 없었다.

'이상하다. 하고 싶은 실험들이 엄청 많았는데.'

책을 펼쳐 놓고 멍하니 생각에 빠져 있던 선재는 갑자기 뭔가 떠오른 듯 '아!' 하는 탄성을 질렀다.

'과학 잡지! 과학 잡지를 다시 한 번 봐야겠다!'

수업이 끝나고 선재는 헐레벌떡 뛰어 집으로 갔다. 얼른 방으로 들어가 책상 아래를 살펴보니 그동안 모아 놓은 과학 잡지들이 잔뜩 쌓여 있었다.

선재는 책상 위에 과학 잡지들을 올려놓고 한 권 한 권 실험 내용을 유심히 살펴보기 시작했다. 빼먹은 것 없이 죄다 읽어 보았다고 생각했는데 막상 다시 읽으니 새롭게 눈에 들어오는 실험들이 꽤 많았다.

'앗싸, 이거다!'

선재는 펼쳐진 잡지의 한 면을 탁 소리 나게 눌러 놓고는 접착 메모지를 꺼내 붙여 두었다. '물 발전기 만들기'! 혼자서 만들기엔 쉽지 않아 보였지만, 만들고 나면 왠지 뿌듯할 것 같았다.

다음 날, 선재는 수업을 마치고 난 후 과학실로 내려갔다. 그렇지만 과학실 문을 열고 들어가기까지는 약간의 용기가 필요했다. 지금까지 한 번도 선생님을 따로 찾아간 적이 없었고, 이런 이야기를 해 본 적은 더더욱 없었다. 선생님의 반응이 어떨지 궁금하기도 하고 조금은 겁이 나기도 했다. 선재는 심호흡을 한 번 한 후, 과학실 문을 두드렸다.

"어? 선재야, 어쩐 일이야?"

선생님은 뜻밖의 시간에 찾아온 선재를 보고 놀란 표정이었다.

"저, 선생님께 말씀드리고 싶은 게 있어서요."

"그래? 무슨 얘기야?"

선재는 선생님 앞으로 과학 잡지를 쑥 내밀었다.

"이걸 왜?"

선생님은 모르겠다는 듯 선재를 다시 바라보았다. 선재는 두근거리는 마음을 누르며 간신히 입을 떼었다.

"여기 이 실험을 해 보고 싶어요."

선생님은 잡지가 펼쳐져 있는 페이지를 힐긋 들여다보았다.

"이건 물 발전기 만드는 건데, 이걸 해 보고 싶다고? 왜?"

"예전부터 해 보고 싶었어요. 그런데 혼자서 하기는 힘들 것 같아서 못 해 봤어요."

"아, 그래? 이건 보기보다 힘든 실험은 아니야. 그렇지만 실험반 수업 시간에 하기에는 좀 어렵겠다. 시간 내에 끝내지 못할 수도 있거든. 꼭 하고 싶다면 따로 시간을 내야 할 텐데 괜찮겠어?"

"네, 저는 좋아요!"

"그래? 그럼 한번 해 볼까? 재료 준비되면 얘기해 줄게."

"네, 고맙습니다!"

선재는 자리에서 일어나 꾸벅 인사를 하고 과학실을 나왔다. 그런데 그때, 누군가가 복도 끝에서 과학실을 향해 걸어오고 있었다.

"안녕!"

선재에게 인사를 건네며 다가온 아이는 다윤이었다. 선재는 그 자리에 선 채로 손을 살짝 흔들었다. 다윤이는 웃으며 선재를 지나쳐 과학실로 들어갔다.

'쟤가 왜 과학실에 가는 거지? 오늘은 아무 수업도 없는 날인데?'

선재는 과학실 안을 한번 들여다볼까 싶어 창문 쪽으로 다가섰다가 그만두고 말았다.

며칠이 지나 토요일이 되었다. 늦잠을 잔 선재는 눈을 부비며 일어나 거실로 나갔다.

"아이고, 푹 잤어? 배고프지?"

엄마가 선재의 머리를 헝클어뜨리며 다정하게 물었다.

"아빠랑 형은요?"

"아빠는 도서관 갔고 형은 모르겠다. 아침 일찍부터 나가던데."

선재가 멍하게 텔레비전에 눈을 고정하고 있는 동안 엄마는 샌드위치와 우유를 식탁 위에 차렸다.

"얼른 먹어."

엄마는 다시 소파에 앉고 선재는 식탁에 앉아 샌드위치를 먹기 시작했다. 그때 휴대 전화에서 문자 알림음이 울렸다.

'뭐해? 오늘 나랑 놀 수 있어?'

현민이었다.

'뭐하고 놀 건데?'

'생각 중.'

선재의 머릿속에 갑자기 떠오르는 게 있었다. 오늘은 토요일! 오후

5시에는 형이 길거리 공연을 할 테고……. 선재는 현민이에게 답을 하기 전에 먼저 엄마에게 물었다.

"엄마, 나 현민이 만나서 놀다 와도 돼요?"

"현민이? 뭐하고 놀 건데?"

"아직 계획은 없는데 현민이가 만나자고 해서요."

"그래, 좋을 대로 해. 오늘 뭐 특별한 일도 없잖아."

선재는 다시 휴대 전화를 들었다.

'시간은 괜찮은데 한 가지 부탁이 있어.'

'뭔데?'

'이따가 나랑 어디 좀 가자.'

'어디 갈 건데?'

'만나면 알려 줄게.'

'그래, 일단 나와.'

선재는 얼른 샌드위치를 먹어치우고 나갈 준비를 했다.

"선재야, 너무 늦게까지 놀지는 말고!"

"네, 늦어도 여덟 시까지는 올게요. 다녀오겠습니다!"

선재는 큰 소리로 인사를 하고 집을 나섰다.

약속 장소에 도착하니 현민이가 먼저 와서 선재를 기다리고 있었다. 둘은 PC방에 가서 게임을 하며 신나게 놀았다. 그렇게 한참을 놀다 간식을 먹으며 출출한 배를 달래고 보니 시간은 어느새 4시 30분을 가리키고 있었다.

"현민아, 우리 대학로 가 볼래?"

"대학로? 거긴 왜?"

"그냥, 뭐. 이것저것 구경할 거 많잖아……."

선재는 속마음을 말하지 못한 채 말끝을 얼버무렸다.

"그래! 가자."

현민이가 버스 정류장 쪽으로 몸을 돌리며 말했다.

대학로는 선재가 사는 동네에서 버스로 두 정거장 정도만 가면 되는 가까운 곳에 있었다. 토요일이라 그런지 대학로는 평소보다 몇 배나 북적여 보였다. 선재는 형이 공연을 하는 공원으로 걸음을 서둘렀다. 그런데 조금 이상했다. 예전에 엄마와 함께 왔을 때에 비해 공원 분위기가 사뭇 달라져 있었다. 그땐 분명 없었던, 댄스팀 이름이 적힌 현수막이 먼저 눈에 띄었다. 무대 앞에 앉아 있는 사람들의 수도 전보다 몇 배는 더 늘어나 있었다.

"우리 이거 볼래? 길거리 댄스 공연……."

선재가 말을 마치기도 전에 현민이가 냉큼 대답했다.

"좋아, 좋아! 우와, 여기 음악 진짜 좋다!"

현민이는 흥미로운 표정으로 사람들 사이에 털썩 주저앉았다. 선재는 속으로 다행이라고 생각하며 현민이 옆에 앉아 형의 공연을 기다렸다.

"안녕하세요! 저희는 고등학생 댄스팀 '돌파'입니다. 이렇게 공연을 보러 와 주셔서 정말 감사합니다! 그럼 이제부터 저희의 공연을 시작하겠습니다!"

지난번에도 마이크를 잡았던 형이 또다시 나와 인사를 했고, 곧이어 음악과 함께 댄스 공연이 시작되었다.

음악도 춤도 지난번과 조금씩 달라진 듯했고, 공연을 보러 모여드는 사람들의 수도 늘어났다. 그렇게 몇 곡이 끝나고, 형이 혼자 무대 중앙으로 나왔다.

조용하게 음악이 시작되고, 형은 몸을 푸는 것 같은 동작으로 춤을 시작했다. 선재는 마른침을 꿀꺽 삼켰다. 괜히 형보다 더 긴장이 되는 것 같았다. 음악은 어느새 빠르게 바뀌었고 형은 무대 전체를 누비며 곡예에 가까운 춤 동작을 보여 주기 시작했다.

"우와, 대박!"

현민이가 선재 쪽으로 얼굴을 돌리며 외쳤다. 현민이뿐 아니라 공원에 모여 있는 사람들 모두 형의 동작 하나하나에 환호를 보내고 있었다.

형이 한 곡을 더 추고, 다른 몇 명의 순서가 지나가고 나서야 공연은 끝이 났다.

"진짜 멋있다! 나 이런 거 너무 좋아. 우리 다음 주에도 또 오자."

현민이가 자리에서 일어나 엉덩이를 탈탈 털며 말했다. 선재는 저도 모르게 슬그머니 입꼬리가 올라갔다. 그때였다.

"노선재!"

등 뒤에서 형의 목소리가 들렸다.

"야, 언제 왔어? 혼자 온 거야?"

형이 뚜벅뚜벅 걸어오며 선재에게 말을 걸자 현민이가 놀란 눈으로 선재와 형을 번갈아 쳐다보았다.

"아니, 친구랑 같이 왔어."

선재가 현민이를 가리켰다. 현민이는 어리벙벙한 표정으로 꾸벅 목례를 했다.

"아, 그랬구나. 지금 집에 갈 거야?"

"응."

"잘 가라. 난 좀 더 있어야 해."

"알았어."

형은 다시 댄스팀 사람들이 모여 있는 곳으로 뛰어갔다. 현민이는 여전히 놀란 눈으로 물었다.

"누구야?"

"우리 형."

"대박! 진짜 대박이다. 너하고 하나도 안 비슷해. 형은 엄청 멋져!"

현민이는 계속해서 엄지손가락을 치켜 올렸다. 선재는 짐짓 아무렇지도 않은 척했지만 가슴이 묘하게 두근거렸다.

집에 돌아온 선재는 인터넷 동영상 사이트들을 찾아보기 시작했다. 아니나 다를까, 형의 춤 동영상은 지난번보다 훨씬 더 반응이 좋았다. 조회 수도 예전보다 높고 댓글도 많아졌다.

형은 온몸이 땀으로 젖은 채 밤이 늦어서야 집으로 돌아왔다. 언제나 그랬듯이 엄마는 좀 일찍 다니라며 잔소리를 했고, 아빠는 얼른 씻고 쉬라고 말했다. 다른 날과 전혀 다를 게 없었다. 달라진 게 있다면 형에 대한 선재의 마음뿐이었다.

형이 씻고 방에 들어가자 선재는 조용히 형 방의 문을 열었다.

"아씨! 깜짝이야!"

문을 열자마자 선재는 깜짝 놀라 소리를 질렀다. 형이 물구나무를 선 채 선재를 쳐다보고 있었기 때문이다. 형은 그 상태로 한쪽 손을 빼더니 몸을 활처럼 구부려 사뿐하게 일어섰다. 공연에서 보았던 형의 비보잉 댄스를 다시 보는 것 같았다.

"왜? 뭐, 할 말 있어?"

"아니, 그냥……."

선재는 괜히 머쓱해져서 침대 귀퉁이에 걸터앉았다.

"있잖아, 나 동영상 봤어."

"무슨 동영상?"

"형 춤추는 거. 누가 또 올려놨던데?"

"그래? 찾아봐야겠다."

형은 책상에 앉으며 컴퓨터를 켰다.

"근데 형, 그 팔 있잖아."

"팔?"

"뭘 어떻게 하면 팔이 그렇게 짝짝이가 돼?"

"왜 뜬금없이 그런 걸 물어봐?"

"그냥, 동영상 보다가 갑자기 궁금해져서."

"에어프리즈라고, 한쪽 팔로 바닥 짚고 버티면서 다리 올리는 거 있잖아. 그거 연습하면 짝짝이가 될 수 있어."

"안 힘들어?"

형은 어이가 없다는 듯 헛웃음을 터뜨렸다.

"죽을 것 같아."

"그러면 하기 싫잖아."

"크, 뭐 그런 당연한 얘기를!"

"그럼 하기 싫은데도 그냥 하는 거야?"

형은 잠깐 생각을 하더니 말했다.

"당연하지. 하기 싫다고 안 하면 동작이 되겠냐?"

"막 아프고 그렇진 않아?"

"그럴 때도 있지. 손목도 삐고, 팔꿈치도 긁히고, 잘못 떨어지면 다치기도 하고."

"으으으."

선재가 인상을 찌푸리며 몸을 웅크렸다.

"야, 아프거나 다치는 건 무섭지도 않아. 진짜 무서운 게 뭔지 아냐?"

선재는 고개를 절레절레 저었다. 형은 두 팔을 쭉 뻗어 보여 주며 말했다.

"팔이 이 지경인데도 완벽한 무결점 프리즈를 하려면 아직도 멀었다는 거야. 무섭지?"

"글쎄."

심드렁한 선재의 표정을 보며 형은 피식 웃었다.

"하긴, 네가 뭘 알겠냐? 데뷔조 들어가 보겠다고 밤이고 낮이고 코피 나게 연습하는 연습생의 마음을 네가 알겠냐?"

"쳇."

선재는 입을 삐죽 내밀었다. 형은 그런 선재를 보며 또 한 번 피식 웃더니 컴퓨터 화면으로 눈을 돌렸다. 검색창에 댄스팀 이름을 써 넣는 걸 보니 동영상을 검색해 보려는 것 같았다. 선재는 조용히 방문을 닫고 나왔다.

방으로 돌아온 선재는 침대에 누워 가만히 생각해 보았다. 아빠가 말씀하신 '의식적인 연습'과 형의 말. 형은 아빠의 이야기를 그대로 행동으로 옮기고 있는 게 분명했다.

'나도 그렇게 할 수 있을까?'

선재는 자신에게 질문해 보았다. 쉽게 대답할 수 없었다. 그렇지만 한 가지 확실해진 것은 있었다. 의식적인 연습이란 형의 팔 굵기를 서로 다르게 만들 만큼 고통스러운 것이라는 것, 그리고 그런 과정을 이겨 내고 있는 형이 정말 멋있어 보인다는 것이었다.

'나도 형처럼 멋있어지고 싶다!'

자려고 눈을 감으니 무대에서 춤을 추는 형의 모습이 떠올랐다. 어쩌면 형은 선재가 생각한 것보다 훨씬 더 강할지도 모르겠다는 생각이 들었다.

생각 키우기 5
의식적인 연습 100퍼센트 활용법

이번에는 '의식적인 연습'을 아주 효과적으로 만들기 위한 방법들을 알아볼까요? 의식적인 연습은 4단계를 갖춰야 해요. 천천히 읽어 가며 여러분의 내용으로 채워 보세요.

1단계 도전적이면서도 구체적인 목표를 적어 봅시다. 학교 교과목도 좋고 악기나 운동도 좋습니다. 단순히 잘하게 되는 것이 아닌, 아주 작은 부분이라 해도 발전에 핵심이 되는 목표여야 해요.

➕ **도움말** 예를 들어 농구 드리블을 잘하기 위해 드리블을 하루에 1,000번씩 연습하겠다는 것도 좋은 목표지요. 수학의 계산 실수를 줄이기 위해 연산 문제만 하루에 100개씩 풀겠다는 것도 좋은 목표가 됩니다.

....

....

2단계 의식적인 연습은 완벽하게 집중하면서 노력하는 것입니다. 언제 어디서 얼마나 집중해서 연습할 것인지 지금 정해 봅시다.

날짜 :
....

시간 :
....

장소 :
....

3단계 바로바로 간단한 평가와 조언을 받을 수 있으면 연습이 더욱 탄력을 받게 됩니다. 목표를 공유하고 이에 대해 잘 되고 있는지 말해 줄 수 있는 사람을 찾아보세요.

> ➕ **도움말** 누구와 함께하면 좋을까요? 부모님도 좋고, 학교 선생님이나 학원 선생님도 좋습니다. 적어도 2주에 한 번씩 누군가와 자신의 연습과 노력에 대해 이야기를 나누며 과정을 점검해 봅시다.

....

....

....

....

4단계 반성과 개선을 통한 반복이 필요합니다. 선생님이나 부모님의 조언을 듣고 개선할 부분을 찾아보세요.

> ➕ **도움말** 좀 더 세심하게 다듬은 목표를 다시 적으면 목표를 다시 세운 게 됩니다. 그렇게 해서 또 다시 실행한 뒤 평가와 조언을 듣는 과정을 반복하면 효과적으로 꾸준히 연습을 할 수 있습니다.

....

....

....

....

 ## 안 될 것 같은데 왜 하지?

　수업이 끝난 후, 선재는 부지런히 과학실로 내려갔다. 오늘은 선재가 과학 잡지에서 찾은 실험을 하기로 한 날이었다. 당연히 선생님만 계실 거라 생각했던 과학실에 누군가 한 명이 더 있었다. 바로 다윤이였다.
　"왔어? 얼른 들어와."
　선생님은 과학실 문 앞에 어리둥절한 표정으로 서 있는 선재를 보며 말했다.
　"다윤이도 하고 싶은 실험이 있다고 해서 오늘 같이 하기로 했어."
　선재는 아무 말 없이 실험 테이블로 걸어갔다. 테이블 두 개에 각각 다른 실험 재료들이 놓여 있었다. 선생님은 먼저 선재에게 와서 말했다.

"먼저 물통에 노즐 연결하는 것부터 하고, 나머지는 설명서 보면서 해 봐. 하다가 막히는 부분 있으면 얘기하고."

선재는 재료와 설명서를 살펴보았다. 확실히 전에 하던 실험들에 비해 복잡해 보이긴 했다. 선재와 이야기를 마친 선생님은 다윤이의 실험 재료들이 놓인 테이블로 옮겨 갔다. 얼핏 재료들을 보니 형광 팔찌를 만들려고 하는 것 같았다. 선재도 작년에 만든 적이 있는데 용액과 유리관을 조심해야 해서 좀 까다로워 보여도 비교적 쉬운 실험이었다.

선재는 서둘러 실험을 시작했다. 먼저 페트병에 송곳으로 구멍을 뚫고, 가위로 구멍을 넓힌 다음 빨대를 꽂았다. 그렇게 단계별로 차근차근 진행이 잘 되는가 싶었다. 그런데 컵 홀더로 써야 하는 우드락을 철제 스탠드에 끼우면서 문제가 발생했다. 우드락이 생각보다 얇아서 자꾸만 깨지고 우그러졌기 때문이다.

'진짜 짜증나네. 아, 하기 싫다!'

우드락 서너 장을 버려 가며 한참을 낑낑대고 나니 몸과 마음이 다 지쳐 가는 것 같았다. 그러는 사이 시간은 훌쩍 지나 벌써 6시가 다 되었다. 슬쩍 옆 테이블을 보니 다윤이도 불 켜진 초를 들고 유리관과 씨름하고 있었다.

"얘들아, 시간이 너무 늦었네. 오늘은 마무리를 못 할 것 같은데?"

선생님의 말씀에 선재는 실험 도구에서 손을 떼고 의자에 기대 목을 뒤로 젖혔다.

"선생님, 이 유리관만 막아 놓고 내일 다시 하면 안 돼요?"

다윤이는 유리관을 들어 보이며 말했다.

"그래. 선생님이 도와줄까?"

"아니에요. 이제는 하는 방법을 알 것 같아요."

다윤이는 조심스럽게 촛농을 유리관 입구에 떨어뜨렸다. 그리고 잠시 후 유리관이 완전히 막힌 것을 확인하고는 또 조심스럽게 유리관을 내려놓았다.

과학실 문을 나서자마자 훅, 하고 더운 공기가 콧속으로 밀려 들어왔다. 안 그래도 실험 때문에 잔뜩 신경이 곤두서 있는데 날씨까지 더우니 짜증이 두 배로 늘어나는 것 같았다.

"노선재, 너 아까 보니까 실험 도구에다가 막 화풀이하더라?"

교문에 다다랐을 때 다윤이가 슬그머니 말을 걸어왔다.

"무슨 화풀이?"

"우드락 다 찢어지는 줄 알았어. 하도 세게 밀어 넣어서."

"무슨 상관이야?"

누가 들어도 짜증이 잔뜩 실린 목소리였다. 다윤이는 그런 선재를 흘낏 쳐다보더니 아무 말도 하지 않았다.

'아, 왜 계속 같은 길로 가는 거야?'

선재는 계속 옆에서 함께 걸어가고 있는 다윤이가 몹시 신경 쓰였다. 그렇게 한참을 걸어가고 있는데 다윤이가 또다시 말을 걸었다.

"애들이 그러는데 너 약간 천재라며? 설명서 보고 뭐 만드는 건 실험반에서 제일 잘한다고 그러던데? 손이 안 보일 정도로 막 빨리 만든다고."

선재는 하도 어이가 없어 헛웃음이 나왔다.

"좋겠다."

"뭐가?"

"난 있잖아, 다른 건 잘할 수 있는데, 손으로 조작하는 걸 잘 못해. 칼이나 가위로 뭘 자르는 것도 잘 못하고, 스포이트로 한 방울씩 떨어뜨리는 것도 잘 못해. 내가 하면 그냥 줄줄 흐르거든. 우리 엄마가 그러는데 손재주가 없어서 그렇대. 너도 아까 봤지? 나 유리관 못 막아서 덜덜 떨고 있는 거. 아우, 난 그런 거 진짜 못해."

"근데?"

"그래서 네가 참 부러워."

"뭐?"

선재는 깜짝 놀라 목소리를 높였다. 그러면서 동시에 '얘는 뭐지?' 하는 생각이 들었다. 자신의 부끄러운 이야기를 아무렇지도 않게 털

어린이를 위한 그릿

어놓고, 마음속으로나 하는 소리라 여겼던 '부럽다'는 말을 저렇게 쉽게 턱턱 하다니! 정말이지 이해가 되지 않았다.

"넌 나한테 없는 재능이 있잖아. 무엇이든 척척 잘 만들어 내는 재능. 나 솔직히 전에 대회 준비할 때 혼자서 과학상자 조립하는 거 엄청 많이 연습했거든. 서현민이 혼자서 다 하니까 힘들 것 같아서. 그래서 나도 할 수 있다고, 같이 하자고 했는데 걔가 엄청 짜증 내는 거야. 잘 하지도 못하면서 덤벼든다고. 그때 너 보니까 페트병 팍팍 잘라서 로켓도 금방 만들더라. 진짜 부러웠어. 나도 저렇게 척척 잘 만들면 얼마나 좋을까. 그럼 조립도 할 수 있을 텐데……."

선재는 뭐라 말을 해야 할지 몰라 애먼 땅바닥만 쳐다보았다.

"그런데 오늘은 왜 그랬어? 스탠드도 막 탁탁 내려놓고. 아까 내가 얼마나 놀랐는지 알아?"

선재는 자기가 실험하던 모습을 돌이켜 생각해 보았다. 실험이 뜻대로 진행되지 않아 옆 사람은 의식도 못하고 혼자서 마구 신경질을 냈을 게 분명했다. 한참을 생각하다 고개를 든 선재는 다운이를 보며 물었다.

"야, 근데 그 형광 팔찌는 왜 만든 거야?"

"아, 전에 애들한테 들었어. 작년에 형광 팔찌 만들었다고. 나는 작년에 전학 와서 못 만들었잖아. 그래서 만들어 보고 싶었어."

"만드는 거 잘 못한다며?"

"야, 못한다고 안 하냐? 하고 싶으면 하는 거지. 그리고 못하니까 더 열심히 해야지. 아까도 유리관을 좀 깨 버려서 그렇지, 결국 하긴 했어."

다윤이는 한껏 뿌듯한 표정으로 말했다.

"전에 내가 선생님한테 만들기를 너무 못해서 고민이라고, 연습을 하고 싶다고 했거든. 그랬더니 선생님이 수업 끝나고 와서 과학실에 있는 키트 중에 아무거나 만들어 보라고 하시는 거야. 그래서 화요일이랑 금요일은 수업 끝나고 무조건 과학실에 갔거든. 그렇게 연습을 해서 그런지 실력이 많이 좋아진 것 같아. 내가 유리관 막는 걸 성공할 줄은 정말 몰랐어."

종알종알 이야기하는 다윤이의 얼굴은 정말 즐거워 보였다. 선재는 그런 다윤이가 신기하기도 하고 웃기기도 했다.

한참을 걷다 다윤이가 횡단보도 앞에서 걸음을 멈췄다.

"너 내일도 과학실 갈 거야?"

다윤이의 물음에 선재는 선뜻 대답을 하지 못하고 머뭇거렸다.

"난 내일 갈 거야. 가서 오늘 못 한 거 다 할 거야."

"그런데?"

"그냥 그렇다고……."

그렇게 딱히 인사도 없이 다윤이와 헤어져 집으로 가는 길, 선재의 머릿속에는 여러 가지 생각이 떠올랐다.

'내일 과학실에 갈까? 가기 싫은데 어떡하지? 그런데 왜 안 가면 재한테 지는 것 같지? 아, 이게 뭐라고! 진짜 헷갈린다.'

저녁 내내 선재의 머릿속에는 '갈까? 말까? 갈까? 말까?'라는 질문이 끊임없이 떠올랐다. 문제는 그 질문에 대한 답이 쉽사리 정해지지 않는다는 것이었다. 솔직히 과학실에 가고 싶은 마음은 조금도 없었다. 엉망이 된 실험을 다시 하고 싶지도 않았고, 가지 않아도 누가 뭐라고 할 것 같지 않았다.

만약 선재가 과학실에 가게 된다면 이유는 다윤이가 한 말, 그 하나 때문일 것이다. 그리고 지금은 그 하나의 이유가 무엇보다 더 큰 고민이기도 했다.

잠을 자려고 침대에 누울 때까지도 선재는 답을 얻지 못했다. 몸을 뒤척일 때마다 계속해서 물음표만 떠오를 뿐이었다.

다음 날, 수업이 끝나고 난 후 선재는 무거운 걸음으로 과학실로 향했다.

"어? 선재 왔어?"

선생님은 과학실에 들어오는 선재를 보며, 마치 올 줄 몰랐다는 듯 놀란 표정을 지었다. 그러더니 서둘러 선반에서 선재가 어제 하다가 그만둔 도구들을 꺼냈다. 과학실을 둘러보니 테이블 위에 다윤이가 만들다 만 형광 팔찌 재료들이 보였다.

잠시 후 다윤이가 헐떡거리며 과학실로 뛰어 들어왔다.

"청소하고 오느라고 늦었어요."

말을 마치고 나서야 선재를 발견한 다윤이 역시 놀란 표정이었다.

"자, 오늘은 둘 다 늦게 끝나서 시간이 별로 없네. 얼른 시작하자."

선재는 조심스럽게 우드락에 은박 컵을 끼우고 스탠드에 클램프(고정 장치)를 조립했다. 그리고 설명서에 있는 대로 차근차근 실험을 해 나갔다. 마지막으로 전선에 형광등과 검전기를 연결하고 나니 물 발전기는 완성이 되었다.

이제 밸브를 열어 물을 흘러내리게 한 후 전기가 만들어지는 것만 확인하면 모든 게 끝나는 것이었다. 선재는 조심스럽게 왼쪽 밸브를 열고, 잠시 후 오른쪽 밸브도 열었다. 그리고 검전기의 금속박이 벌어지기를 기다렸다. 그런데 어쩐 일인지 금속박은 꼼짝도 하지 않았다. 시간이 짧아 그런가 싶어 한참을 더 기다렸지만 결과는 마찬가지였다.

선재는 하는 수 없이 선생님을 불렀다. 컴퓨터로 뭔가를 하고 있던 선생님이 선재에게 다가와 물 발전기를 살펴보았다.

"음, 전선이 잘못 연결되어 있네. 설명서 잘 읽어 보면서 다시 한 번 연결해 봐."

선재는 고개를 갸웃거리며 설명서를 다시 읽었다. 아무리 봐도 어느 부분이 틀렸는지 찾아낼 수가 없었다. 전선들을 다 빼고 다시 꽂아 보았지만 그래도 여전히 검전

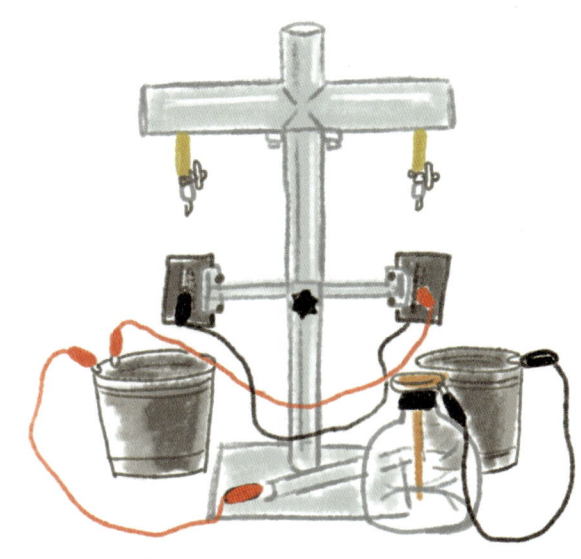

기는 꿈쩍도 하지 않았다. 그러자 마음 한구석에 잘 숨겨 놨던 짜증이 다시 슬슬 고개를 내밀기 시작했다.

'이거 뭐야? 왜 안 돼?'

선재는 전선의 집게를 신경질적으로 뺐다가 다시 끼워 보았다. 몇 번을 반복해도 결과는 마찬가지였다.

'하아, 이 실험을 하는 게 아니었어. 딱 봐도 전기가 만들어질 것처럼 생기지 않았잖아.'

선재는 실험에서 손을 놓고 의자에 눕다시피 기댔다. 옆 테이블의 다윤이가 대여섯 개의 형광 팔찌를 만들어 늘어놓는 모습이 힐긋 보였다.

시간은 벌써 6시에 가까워지고 있었다.

어린이를 위한 그릿 113

"선재야, 잘 봐."

선생님은 선재에게 다가오더니 꽂아 놓았던 전선들을 모두 뺀 후, 자리를 바꾸어 다시 꽂았다. 밸브를 열어 두자 얼마 안 있어 검전기의 금속박이 서서히 움직이기 시작하더니, 마치 새가 날개를 펼친 것처럼 한껏 양옆으로 벌어졌다. 선재는 믿기지 않는다는 듯 자리에서 벌떡 일어나 검전기 가까이에 얼굴을 갖다 댔다.

"자, 이제 형광등을 한번 켜 볼까?"

선재는 형광등에 연결된 집게 전선을 검전기에 접촉했다. 그러자 짧은 순간이지만 불이 환하게 켜졌다.

"선생님, 이거 제가 했을 때는 왜 안 된 거예요?"

"네가 전선을 잘못 연결했기 때문이야. 전선을 이렇게 엇갈리게 연결해야 전기가 들어오거든. 그런데 아까부터 보니까 너는 전선을 뺐다가 다시 일직선으로 연결하고, 또 빼서는 다시 일직선으로 연결하고. 계속 잘못된 방법으로 하고 있더라고. 그러니 될 리가 있나."

선재는 설명서를 다시 읽어 보았다. 전선을 엇갈리게 연결하라는 지시문이 작게 적혀 있었다.

"선재야, 이 실험을 하기 위해서는 전기와 정전기, 양이온과 음이온에 대한 공부를 먼저 해야 했던 것 같다. 그 과정이 없으니 네가 이해를 못했던 것 같아."

그러나 선생님 말씀은 귀에 들어오지도 않았다. 이미 전선을 연결할 때부터 부글거리던 머릿속은 금세 폭발이라도 할 것 같았다.

'결국 실패한 거구나.'

선재는 의자에 털썩 주저앉았다. 주먹을 쥔 손은 부들부들 떨려왔다. 너무 허무하고 화가 났다.

실험이 모두 끝나고 선재는 서둘러서 과학실을 빠져나왔다.

"선재야, 같이 가자!"

현관에서 실내화를 갈아 신는데 등 뒤에서 다윤이가 부르는 소리가 들렸다. 선재는 말없이 곧장 교문으로 향했다. 뒤에서 다윤이가 동동거리며 빠르게 걸어오는 소리가 들렸다.

"오늘 실험 잘 안 돼서 그래?"

다윤이의 말에 대답할 기분이 아니었다.

"그럼 한 번 더 해 보면 되잖아."

남의 속도 모르고 떠들어 대는 다윤이의 입을 틀어막고 싶다는 생각까지 들 때였다.

"자, 이거……."

다윤이가 선재에게 뭔가를 내밀었다. 다윤이가 건넨 건 과학실에서 만든 형광 팔찌였다. 그러고 보니 다윤이의 손에는 열 개도 넘는 형광 팔찌가 들려 있었다.

"됐어. 필요 없어."

"이게 필요한 사람이 어디 있냐? 그냥 내가 처음 만든 기념으로 주는 거야."

다운이는 억지로 선재의 손에 팔찌를 쥐어 주었다. 실랑이를 하는 것도 피곤하게 느껴진 선재는 다운이가 건네준 팔찌를 손에 쥔 채 아무 말 없이 앞장서서 걸었다.

집에 도착한 선재는 방으로 들어가 가방을 책상에 던지고는 곧장 침대에 털썩 누웠다.

'내가 잘못한 거라고? 그럴 리가 없어. 내가 설명서를 얼마나 빨리 읽는데. 이건 분명히 설명서가 잘못된 거야. 엇갈리게 연결하라는 글씨가 너무 작았단 말이야. 그렇게 작게 써 놓으면 어떻게 읽으라는 거야? 그리고 시간도 너무 짧았어. 시간만 충분했어도 분명히 혼자서 잘할 수 있었을 거야. 아, 진짜 짜증나!'

생각을 하면 할수록 화가 났고 창피하기도 했다. 더 참을 수 없는 건 그 모든 감정이 바로 자기 자신 때문이라는 것이었다. 선재는 침대에 누운 채 아주 오래 눈을 감고 있었다.

목적의식 갖기

꿈을 이루기 위해서는 열정도 필요하지만 무엇보다 그 일을 해내야만 하는 분명한 목적과 이유가 있어야 합니다. 뚜렷한 목적을 가진 사람일수록 의식적인 연습이 힘들 때에도, 또 성과가 기대만큼 나오지 않을 때에도 열정을 갖고 계속 연습을 이어 갈 수 있기 때문입니다.

나의 꿈이 우리 사회에 어떤 영향을 줄 수 있을지 상상해 보세요. 예를 들어 여러분이 로봇을 좋아해서 그 분야를 계속 공부한다면 앞으로 다른 사람들에게 어떤 좋은 일을 할 수 있을까요?

● 여러분이 지금 좋아하는 과목이나 분야는 무엇입니까?

………………………………………………………………………………………

………………………………………………………………………………………

● 그것을 계속 공부하고 발전시키면 다른 사람들에게 어떤 도움을 줄 수 있을까요?

………………………………………………………………………………………

………………………………………………………………………………………

● 세상과 사회를 더 살기 좋은 곳으로 만드는 데에는 어떤 도움을 줄 수 있을까요?

………………………………………………………………………………………

………………………………………………………………………………………

지금부터 30년 후 나의 모습을 상상하며 다음 질문을 생각해 보세요.

- 30년 후, 여러분에게 가장 중요한 일은 무엇일까요?

....

....

....

....

- 그 30년 동안 여러분에게 더 나은 사람이 되어야겠다는 자극을 준 사람은 누구인가요? 왜 그런가요?

....

....

....

....

- 여러분에게 그런 삶을 보여 준 롤모델은 누구인가요? 왜 그런가요?

....

....

....

 ## 재능보다 중요한 것

일요일 아침, 선재는 느지막이 일어났다. 거실로 나가니 아빠가 주방에서 뭔가를 열심히 닦고 있는 게 보였다. 선재는 고개를 갸웃거리며 아빠에게 다가갔다.

"이게 뭐예요?"

"아, 이번에 새로 장만한 거야."

"네에? 이거 칼 아니에요?"

아빠가 마치 보물이라도 되는 양 정성스레 마른행주로 닦고 있는 건 다름 아닌 칼이었다. 음식을 만들 때 쓰는 그런 칼.

"맞아. 아빠한테 꼭 필요한 물건이지."

그런데 아빠가 닦고 있는 칼에는 좀 이상한 점이 있었다. 센티미터와 밀리미터가 표시된 자처럼 칼날에 눈금이 그려져 있었다.

"이건 뭐예요?"

"길이 재는 눈금. 이것 때문에 아빠한테 꼭 필요하다고 한 거야."

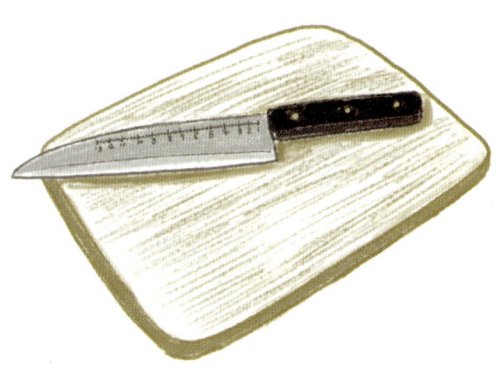

무슨 소린가 싶어 선재가 부스스한 얼굴로 멀뚱히 칼만 쳐다보고 있자, 아빠가 큰 소리로 웃었다.

"하하하, 그런 게 있어. 가서 눈곱이나 좀 떼고 와라."

아빠는 평범한 회사원이다. 음식 만들기를 좋아하는 건 알지만 그래도 주방에서 오래 시간을 보내는 건 아무래도 엄마였다. 그런데 눈금 표시된 칼이 아빠에게 꼭 필요한 물건이라고? 선재는 절레절레 고개를 흔들었다.

세수를 마치고 나와 집 안을 둘러보았다. 방문이 굳게 닫혀 있는 걸 보니 형은 아직 자는 것 같고, 엄마는 주말 아침마다 들르는 재래시장에 간 모양이었다.

"선재야, 밥 먹어."

아빠는 칼을 다 닦고 나서 선재의 밥을 차려 주었다. 선재가 식탁에 앉아 막 숟가락을 들었을 때였다. 아빠가 선재 맞은편 의자에 앉으며 물었다.

"그런데 너 어디 축제 같은 데 다녀왔니?"

"아뇨."

선재는 짧게 대답하며 고개를 저었다.

"그럼 책상 위에 있는 형광 팔찌는 뭐야? 어디서 난 거야?"

"아, 그거! 누가 줬어요."

선재는 지난번에 했던 새로운 실험과 다윤이의 실험, 팔찌를 받은 일 등을 아빠에게 들려주었다.

"아, 그런 것도 만들 수 있구나. 신기하네."

선재는 고개를 살짝 끄덕이며 밥을 먹었다.

"그런데 네가 했던 실험은 어떻게 됐어? 잘됐어?"

"아, 아니요."

"왜? 무슨 문제라도 있었어?"

선재는 실험 과정과 결과를 아빠에게 간단히 설명했다.

"그랬구나. 그래도 뭐, 아빠는 일단 도전했다는 것에 백만 점 주고 싶다. 넌 어때? 많이 실망했어?"

"처음엔 실망했는데요, 이제는 그냥 그래요. 어쩌다 한 번 그런 거 잖아요. 실험 때마다 칼질도 못하고, 유리관을 몇 개씩 박살 내는 애도 있는데요, 뭐."

선재는 저도 모르게 다윤이를 떠올리며 말했다.

"그래? 그게 누군데?"

선재는 아빠에게 다운이에 대한 이야기를 털어놓았다. 제 스스로 손재주가 없다고 하소연하고, 그런데도 웃으며 연습을 계속하는 다운이 얘기를 유심히 듣고 있던 아빠가 갑자기 박수를 쳤다. 선재는 의아한 얼굴로 아빠를 쳐다보았다.

"오오, 진짜 대단한데? 어쨌든 결국엔 유리관을 막는 데 성공했다는 거잖아. 그것도 여러 개나."

"뭐, 그렇긴 하죠. 그런데 진짜 실험할 때는 엄청 어설퍼요. 일부러 수업 끝나고 과학실에 가서 만들기 연습도 한다는데, 정말 믿어지지 않을 만큼 못해요."

"일부러 연습도 한다고? 이야, 그 친구 정말 멋지다. 손재주는 없을지 몰라도 마음의 근력만은 최고인데?"

"마음의 근력이요? 그게 뭐예요?"

"근력이 뭔지 모르는 건 아닐 테고······."

"근육의 힘, 그런 거 아니에요?"

"맞아. 운동을 열심히 하면 근육이 튼튼해지고, 그러면 근육의 힘도 더 세지잖아."

선재는 고개를 끄덕였다.

"사람의 마음에도 근력이 있거든. 꾸준히 운동을 하는 것처럼 어려운 과제에 도전하고, 그걸 조금씩이라도 이루어 가면 마음에도 근력이 생긴다고 해. 생각해 봐. 너처럼 잘 해내던 사람도 어쩌다 잘 못하게 되면 마음이 답답하고 속상한데, 다윤이는 얼마나 힘들고 짜증 나는 순간들이 많았겠냐? 그런데도 금방 잊고 다시 또 해 보는 거 아냐. 모르긴 해도 다윤이는 마음이 아주 탄탄한 근육질일 거야."

선재는 그제야 알겠다는 듯 고개를 끄덕였다.

"그래도 걔는 날 부러워하는데……."

"어떤 걸 부러워 해?"

"저는 만드는 건 잘 하잖아요. 저보고 자기한테 없는 재능을 가지고 있어서 부럽대요."

"그래? 그런 말 들으면 기분이 어때?"

"좋죠. 재능은 아무나 가질 수 없는 거잖아요."

선재의 말에 아빠는 뭔가를 잠깐 생각하더니 말했다.

"선재야, 미국에는 '웨스트포인트'라는 육군사관학교가 있어. 이 학교를 들어가려면 공부도 잘해야 하고, 국회의원이나 미국 부통령 같은 유명한 사람의 추천서가 필요해. 체력 검사에서도 최고점을 받아야만 갈 수 있어서 하버드 대학교보다 들어가기 어렵다고들 해. 정말 재능이 뛰어난 학생들만 갈 수 있는 학교지."

"우와, 그 정도면 거의 인간 이상 아니에요?"

"하하, 뭐 그렇게까진 아니고. 하여튼 그렇게 우수한 학생들이 육군사관학교에 가게 되면 먼저 7주 동안 '비스트'라는 집중 훈련을 받는대. 새벽 5시부터 밤 10시까지 체력 단련, 수업, 단체 경기 등을 하는데 주말은커녕 식사 시간 말고는 휴식 시간도 없다는구나."

"헐! 진짜 비스트네요? 비스트는 영어로 짐승이란 뜻이잖아요, 그건 정말 짐승 같은 훈련 아니에요?"

아빠는 고개를 끄덕이더니 말을 이었다.

"그런데 그 훈련을 받는 도중에 학교를 그만두는 학생들이 많다는 거야."

"그럴 만하네요. 진짜 힘들 것 같아요."

"그런가? 자, 그럼 여기서 질문. 어떤 학생들이 끝까지 해 보지 않고 포기하는 걸까?"

"체력이 약한 학생?"

아빠는 고개를 절레절레 저었다.

"아니야. 비스트를 그만두는 학생들 중엔 성적이나 체력이 상위권인 학생도 많았어."

"그럼 끈기가 부족한 거예요?"

"맞아. 재능보다 중요한 건 '절대 포기하지 않는 태도'였다는 거야.

웨스트포인트 학생들은 비스트를 버텨 내기만 하면 사실상 성공은 보장된 거나 다름없거든. 그러니 결국 성공을 좌우하는 아주 중요한 요소 중 하나가 그릿이었던 셈이지."

선재의 입에서 '아!' 하는 탄성이 절로 나왔다. 그릿이라는 말의 뜻이 이제야 정확하게 와 닿는 느낌이었다.

"아빠가 읽은 책을 보면 웨스트포인트뿐 아니라 아이비리그 대학생, 학자, 회사원처럼 다양한 사람들을 대상으로 그릿에 대한 조사를 해 봤는데, 그릿과 재능은 상관이 없었다고 해. 재능이 아무리 뛰어나도 그릿이 없을 수 있고, 반대로 재능이 좀 부족해도 그릿이 뛰어난 사람들이 있다는 거야. 그러니까 아빠는 다윤이가 너의 재능을 부러워하는 만큼, 다윤이의 그릿도 충분히 부러워할 만하다고 생각해. 혹시 기회가 되면 아빠 얘기 좀 전해 줘라."

"아, 그건 좀……. 아직은 많이 어색한 사이라서."

그때였다. 방문 열리는 소리가 들려 아빠와 선재가 동시에 고개를 돌렸다. 이제 일어났는지, 잠이 덜 깬 얼굴로 배시시 웃으며 형이 서 있었다.

"보여드릴 게 있었는데……."

형은 갑자기 입고 있던 티셔츠를 위로 들어올렸다.

"여기 복근 생긴 거 보여요?"

아빠와 선재는 형의 배를 들여다보았다. 실눈을 뜨고 한참을 노려보니 희미하게나마 복근의 윤곽이 보이는 것 같았다.

"어제 이걸 발견하고 얼마나 뿌듯했는지 몰라요."

"그래. 고생했다. 복근 만드는 게 쉬운 일은 아니지."

형은 헤헤 웃으며 머리를 긁적이다 화장실로 들어갔다.

"형은 몸의 근력을 잘 키웠으니, 우리 선재는 마음의 근력을 키우면 되겠네. 자, 앞으로 어떤 노력을 해 볼 생각이지?"

선재는 젓가락을 입에 문 채 잠시 생각했다.

"저 사실은 실험 찾아서 하는 거, 그만둘까 했거든요. 지난번에 실패하고 나서 너무 창피하기도 하고 기분이 영 안 좋아서……"

아빠는 가만히 선재를 바라보았다.

"그런데 그런 거 다 참고 다시 한 번 해 보면, 그것도 그릿이에요?"

아빠는 한참을 생각하다가 말했다.

"일단 아빠는 네가 실험을 한 번 잘못했다고 해서 실패라고 생각하지 않아. 그렇지만 네가 스스로 창피하고 기분 나쁜 기억을 이겨 보려는 건 굉장히 중요하다고 생각해. 넘어졌을 때 다시 일어나는 힘도 분명히 그릿이거든."

선재는 고개를 끄덕였다. 아빠는 그런 선재를 보며 말없이 미소를 지었다.

며칠 후, 수업이 끝난 선재는 과학실 앞에서 심호흡을 했다. 사실 지난 며칠 동안 선재는 용기를 내지 못하고 몇 번이나 과학실 앞에서 발걸음을 돌리곤 했다. 그렇지만 오늘은 꼭 선생님께 다른 실험을 해 보고 싶다고 얘기할 생각이었다. 만약 오늘 하지 못하면 앞으로 영영 못하게 될 것만 같았다. 선재는 또 한 번 숨을 크게 내쉰 후 과학실 문을 두드렸다.

"선재, 어쩐 일이야?"

실험 도구를 정리하던 선생님이 놀란 얼굴로 선재를 바라보았다.

"이리 와서 앉을래?"

선재는 선생님이 손짓한 자리로 가서 과학 잡지를 책상 위에 슬며시 올려놓으며 앉았다. 선생님은 잡지에 눈길을 주며 물었다.

"음, 오늘도 잡지에서 실험을 찾아 온 거야?"

"네."

선생님은 선재가 표시해 둔 페이지를 찾아 펼쳐 보는가 싶더니, 내용을 자세히 읽지도 않고 곧장 옆으로 밀쳐 두었다.

"선재야, 왜 이런 실험이 하고 싶은 거야?"

"네?"

당연히 실험에 대한 이야기를 나누게 되리라 생각했던 선재는 당황해서 말문이 막히고 말았다.

"네가 이렇게 실험에 매달리는 이유가 뭔지 궁금해서 그래. 내가 알기로 너는 실험을 잘하는 아이이긴 했지만 실험 욕심이 많지는 않았거든. 이렇게 스스로 어려운 실험을 찾아서 자꾸만 해 보려는 이유가 대체 뭐야?"

선재는 어디서부터 이야기를 해야 할지 막막했지만, 한참을 생각한 끝에 겨우 입을 뗄 수 있었다.

"지난번에 학교에 오다가 선생님하고 다른 선생님이 이야기하시는 걸 우연히 들었는데요, 우리가 잘 못해서 내년에는 과학 탐구 대회에 못 나갈지도 모른다고 그러셨거든요. 그런데 저는 내년에 꼭 대회에 나가고 싶고, 전국 대회까지 나가서 1등을 하고 싶어요. 그런데 그런 기회가 오지 않을까 봐 너무 걱정이 됐어요."

선생님은 한 손으로 턱을 괴고 고개를 기울이며 물었다.

"그래? 그런데 지금 네가 하려는 실험은 과학 탐구 대회랑 관련이 있는 실험도 아니잖아. 그리고 과학 탐구 대회가 목표라면 내년부터 준비해도 되지 않아? 왜 굳이 지금부터 뭔가를 하려고 하는 거야?"

선재는 다시 한 번 생각을 가다듬고 차분히 이야기를 이어 갔다.

"대회에 못 나갈지도 모른다는 말씀을 듣고 아빠랑 얘기를 했어요. 그러면서 제가 지금까지 정말 있는 힘껏 노력한 적이 없다는 걸 알았어요. 우리 형은 춤을 추는데요, 한쪽 팔이 더 굵어질 정도로 열심히 연습을 해요. 그런데도 부족하다고, 완벽해지려면 아직도 멀었다고 그래요. 그리고 다윤이는 실험할 때마다 자꾸만 실수를 하는데도, 그런 실수를 하지 않을 때까지 연습한다고 했어요. 선생님, 저는 그런 적이 한 번도 없었어요. 그냥 제가 하고 싶은 것, 할 수 있는 것만 하려고 했어요. 못하면 금방 포기하고요."

한 번 말을 꺼내니, 마음속에 고여 있던 말들이 술술 흘러나왔다. 선생님은 고개를 끄덕이며 진지하게 선재의 이야기를 들었다.

"저도 형이나 다윤이처럼 좀 더 끈질기게 매달려 봐야겠다고 생각했어요. 그런데 제가 제일 좋아하고 잘하는 게 실험이거든요. 그래서 그동안 과학 잡지들을 보면서 '이건 어려워서 못하겠다' 싶었던 실험들을 찾아봤어요. 저는 지금보다 더 많이 노력해서 그 실험들에 다 성공하고 싶어요. 또……."

선재는 잠깐 망설이다 말을 이었다.

"그렇게 열심히 노력하면 내년에 과학 탐구 대회에 나갈 수 있을지도 모르니까……. 선생님께 그런 모습을 보여드리고 싶었어요."

선재의 이야기를 다 들은 선생님이 고개를 크게 끄덕였다.

"선재야, 이렇게 네 마음을 전부 솔직하게 얘기해 줘서 고마워."

선생님의 말에 선재는 깜짝 놀랐다. 너무 많은 이야기를 털어놓아 조금 부끄럽기도 했는데, 그런 말을 들으니 부끄러움은 모두 날아가고 마음이 한결 가벼워졌다.

"선재야, 과학 탐구 대회는 과학을 잘하는 초등학생들에게 가장 높은 목표 중 하나야. 그런 대회에서 차근차근 올라갔던 것만으로도 너는 아주 잘하고 있는 거야. 다만, 조금 아쉬운 게 있다면 자신감이 넘치다 보니 세심하지 못한 점, 끈기가 부족한 점이었어."

선재는 고개를 끄덕이며 선생님의 이야기에 빠져들었다.

"선재야, 마라톤하는 거 본 적 있지?"

"네."

"마라톤을 완주하려면 어떻게든 몸을 움직여야 해. 뛸 수 없을 정도로 힘들면 걷기라도 해야지, 만약 멈춰 버리면 근육이 굳어서 다시 뛸 수 없게 되거든. 만약 네가 정말 제대로 노력해 보고 싶다면 실험도 마라톤처럼 해야 할 거야. 일정한 속도를 유지하면서 멈추지 않고 꾸준히 한다는 말이지."

선재 입에서 "아!" 하는 소리가 절로 나왔다.

"그리고 네가 아무리 힘들어도 선생님이 대신 뛰어 줄 순 없어. 네 손을 잡고 앞으로 이끌어 주지도 않고 네 등을 밀어 주지도 않을 거야. 난 그저 네 옆에서 함께 뛰어 주는 역할만 할 수 있어. 어때? 할 수 있겠어?"

"해 볼게요."

선재가 아랫입술을 꾹 깨물며 비장한 표정으로 대답했다. 선생님은 웃는 얼굴로 펼쳐져 있던 과학 잡지를 덮었다.

"그래, 좋아! 우리 같이 한번 해 보자. 여기 있는 실험은 선생님이 좀 더 검토해 볼게. 자료 준비되면 부를 테니까 오늘은 이만 가 봐."

선재는 꾸벅 인사를 하고 과학실을 나왔다.

'정말 잘한 걸까? 앞으로는 공부도 더 많이 해야 하고, 실험도 더 많이 해야겠지? 내가 먼저 하겠다고 했으니 이젠 정말 짜증을 내지도 못하고 쉽게 그만두지도 못하겠구나.'

교문으로 향하는 길, 선재는 저도 모르게 한숨을 쉬며 하늘을 올려다보았다. 선생님께 모든 걸 털어놓고 후련해진 가슴 속에, 또다시 묵직한 무언가가 쑥 밀려들어 오는 것 같았다.

'아니야, 이젠 나만 잘하면 돼. 난 할 수 있어. 정말 잘할 거야.'

선재는 주문을 외우듯 계속해서 마음속으로 되뇌었다. 그리고 다리를 쭉쭉 뻗어 힘차게 걸어 보았다. 오늘 선생님과의 대화가 앞으로 다가올 좋은 일들의 시작이길 바라면서…….

학원을 마치고 저녁 9시가 다 되어 집으로 들어갔는데, 현관에 형의 신발이 놓여 있었다.

'이 시간에 형이?'

선재가 얼른 거실로 들어서 보니, 형이 한쪽 팔에 깁스를 한 채 소파에 앉아 있었다.

"어? 형, 왜 그래?"

선재는 형의 팔을 가리키며 물었다.

"보면 모르냐? 부상이잖아."

형은 깁스한 팔을 슬쩍 들어 올리며 말했다.

"그러니까 뭘 다쳐 가면서까지 연습을 하고 그래? 조심 좀 하지."

과일을 깎던 엄마가 혀를 차며 말했다.

"엄마, 팔에 금 정도는 가 줘야 열심히 연습한 티가 나죠."

"어휴, 하필 오른손을 다쳐서 어쩌니?"

엄마는 무심한 듯 말했지만 형이 무척 걱정되는 눈치였다.

"많이 아파?"

선재도 툭 던지듯 물었다.

"그럼. 엄청 아프지. 그러니까 나 리모컨 좀……."

선재는 형에게 리모컨을 가져다주었다.

"나 물 좀……."

이번에도 말없이 컵에 물을 따라 가져다주었다.

"아, 목 아프다. 선재야, 나 쿠션 좀……."

"그만 좀 해."

"아! 아! 팔이 너무 아파!"

선재는 피식 웃으며 형 쪽으로 쿠션을 던져 주었다.

그때였다. 욕실에서 나오던 엄마가 형을 불렀다.

"윤재! 머리 감자!"

"네?"

형과 선재는 깜짝 놀라 동시에 엄마를 쳐다보았다.

"연습하다 다쳐서 씻지도 못하고 왔잖아. 샤워까지 시켜 주는 건 너도 싫을 테니 머리만이라도 감자."

형은 어쩔 수 없다는 듯 비척비척 일어나 욕실로 향했다.

"가만히 좀 있어! 허리 더 숙이고!"

"아, 엄마! 눈에 샴푸 들어갔어요!"

엄마와 형이 티격태격하는 소리가 들리자 선재는 피식피식 웃음이 나왔다. 그 웃음이 엄마와 형 때문인지, 오늘 선생님과 이야기를 나누고 마음을 다잡은 자신에 대한 뿌듯함 때문인지 알 수 없었다.

내 꿈을 찾는 로드맵 4단계

하고 싶은 것도 많고, 해야 할 것도 많다면 우리는 그중에서 해야 할 것과 하지 말아야 할 것을 구분해야 합니다. 우리의 시간과 에너지는 정해져 있으니까요. 중요하지 않은 것까지 모두 하려고 하면 정작 중요한 것을 하지 못하는 경우가 생겨요. 따라서 나만의 목표를 정하는 연습을 해 보는 것이 매우 중요합니다.

다음의 6단계를 거쳐 나의 목표를 찾아봅시다.

1단계 내가 지금 이루고 싶거나 나중에 이루고 싶은 '중요한 목표' 25가지를 적어 봅시다.

➕ 도움말 하고 싶은 것이나 소원을 적는 버킷 리스트와 달리, 이 목표는 여러분이 중요하다고 생각하는 것들이어야 합니다. 처음에는 당황스럽고 생각이 잘 안 나겠지만 곰곰이 생각해 보면 떠오르는 것들이 있을 거예요. 여러분이 하고 있는 일이나 해야 할 일, 하고 싶은 일들을 꼽아 보세요.

ex) 외국에서 일하기

2단계 25가지의 목표 중에서 가장 중요하다고 생각하는 목표에 10점, 하나도 중요하지 않다고 생각하는 목표에는 1점을 줍니다.

3단계 목표들에 얼마나 흥미가 있는지도 점수를 매겨봅니다. 가장 흥미진진한 것은 10점, 하나도 흥미가 느껴지지 않는 것에는 1점을 줍니다. 그 다음에 1번 점수와 2번 점수를 곱해 봅니다.

4단계 가장 점수가 높은 순서대로 5개를 정합니다.

5단계 나머지 20개 중에서 점수가 높은 5개와 연관이 깊은 것이 있으면(예를 들어, 외국에서 일하며 사는 것이 5개 목표 중 하나였다면 영어를 잘하는 것은 연관이 깊은 목표가 되겠지요), 그것을 그 목표 아래의 목표(하위 목표)로 정합니다.

6단계 5개의 목표 중에서 서로 연관이 깊은 것이 있으면 묶어서 그 위의 목표를 정해 줍니다. 이것을 상위 목표를 만든다고 합니다.

➕ **도움말** 예를 들어, 해외에서 일하며 사는 것과 컴퓨터 프로그래머가 되는 것이 모두 다섯 가지 안에 드는 목표라면 이 두 목표 위에 '외국에 있는 회사에서 컴퓨터 프로그래머가 되기'라는 목표 또는 '구글(google)에 취직하기'가 새로운 상위 목표가 될 수 있습니다. 조금 어렵게 느껴진다면 부모님이나 선생님과 의논해 보세요.

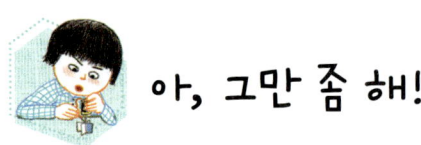# 아, 그만 좀 해!

실험반 선생님으로부터 호출을 받은 선재는, 수업이 끝난 후 서둘러 과학실로 올라갔다. 선생님은 선재에게 자리에 앉으라고 하더니 두툼한 파일 하나를 건넸다.

"네가 패러데이 모터를 만들고 싶다고 했잖아?"

"네."

"사실 설명서만 보고 만들면 그리 어려운 건 아니야. 그런데 그 원리를 이해하려면 전자석 공부를 좀 해야 할 것 같아. 혹시 전자석에 대해서 따로 배운 적 있니?"

"아니요."

선재는 고개를 저었다. 선생님은 파일을 가리켰다.

"전자석의 원리나 활용 방법 같은 걸 정리한 자료야. 실험은 다음 주에 할 예정인데, 그전까지 최소한 서너 번은 읽고 공부해 왔으면 좋겠어."

선재는 파일을 들춰 보았다. 흑백의 그림과 사진 약간 그리고 빽빽하게 들어찬 글자들이 눈에 들어왔다.

"네, 알겠습니다."

선재는 파일을 챙겨 자리에서 일어섰다. 공부할 생각을 하면 그리 즐겁지 않았지만 달리 생각해 보면 스스로 한 말에 책임을 질 수 있는 첫 번째 기회였다.

마침 오늘은 학원 수업도 없는 날이었다. 선재는 집에 오자마자 가방에서 파일을 꺼내 첫 장부터 천천히 읽어 보았다.

'이게 다 뭐지?'

인력과 척력, 외르스테드, 앙페르, 오른나사의 법칙……. A4용지에 잔뜩 적힌 각종 용어와 이름들은 죄다 생전 처음 듣는 것들이었고, 머릿속에 잘 들어오지도 않았다. 몇 번이고 눈을 비비며 다시 읽어 보았지만 하품만 나올 뿐 나아지는 건 없었다.

"선재야, 밥 먹어!"

한참 동안 글씨들과 씨름하고 있는데 엄마 목소리가 들렸다. 선재는 파일을 덮고 주방으로 가서 식탁에 앉았다. 형의 밥과 반찬은 유치원 때나 썼던 식판에 차려져 있었고, 옆에는 숟가락과 포크가 놓여 있었다.

"엄마, 이게 뭐예요? 제가 애도 아니고."

형이 자기 몫의 식판을 내려다보다 한숨을 쉬며 말했다.

"젓가락 못 쓰고, 엄마가 머리 감겨 주는데 애가 아니야? 포크로 반찬들 푹푹 찔러 놓지 말고 네 몫으로 덜어 놓은 것만 먹어. 모자라면 더 덜어 줄게."

형은 할 수 없다는 듯 자리에 앉아 밥을 먹기 시작했다.

겨우 식사를 끝낸 후 선재와 형은 소파에 앉아 텔레비전을 켰다. 얼른 방으로 들어가 자료를 읽어야 옳지만, 정말이지 그럴 마음이 생기질 않았다. 그래서였을까? 텔레비전 화면에 시선을 고정하고 있으면서도 마음이 편하지 않았다. 그 와중에 형은 소파 옆에서 스트레칭을 하더니 이내 펄쩍펄쩍 뛰기 시작했다.

"형, 뭐하는 거야?"

선재는 짜증 섞인 목소리로 날카롭게 물었다.

"텔레비전에서 못 봤냐? 비보잉 기초 스텝이잖아. 정확하게는 인디언 스텝."

"아, 정신없어."

"연습 대신이니까 네가 좀 이해해라."

형은 선재의 짜증에도 아랑곳하지 않고 비슷한 동작을 계속했다.

그러더니 잠시 후에는 벌렁 드러누워 소파 바닥의 홈에 발을 끼워 넣고 윗몸 일으키기를 하기 시작했다. 깁스를 한 탓에 모든 움직임이 엉성하기 짝이 없는데 참 열심히도 했다. 선재는 그런 형의 모습에 괜스레 짜증이 밀려왔다.

"아, 그만 좀 해!"

선재는 형을 향해 소리를 빽 질렀다. 형은 운동을 그만두고 가만히 앉아 선재를 바라보았다.

"야, 너 왜 그래?"

"학교 갔다 와서 계속 과학 자료 보느라고 머리가 지끈거린단 말이야. 나도 텔레비전 보면서 쉬고 싶은데 형 때문에 제대로 볼 수가 없잖아."

"그냥 못 본 척하고 텔레비전 봐. 내가 시끄럽게 움직이는 것도 아니잖아."

"아프면 그냥 쉬어. 아프다면서 왜 자꾸 움직여?"

형은 선재를 물끄러미 쳐다보다가 말했다.

"난 쉬면 몸이 굳고 근육이 풀려. 그러면 춤 동작이 안 나와. 춤 실력이 떨어지면 평가에서 점수를 못 받고 데뷔 순위가 밀려나. 그러다 데뷔 못하면 난 끝이야. 그래서 아픈데도 움직이는 거야. 언더스탠?"

형은 최대한 침착하게 말하는 듯했다. 그렇지만 선재의 입에서 나온 말은 퉁명스럽기만 했다.

"몰라! 내가 알 게 뭐야."

"야, 노선재!"

형의 목소리가 높아졌다. 설거지를 하던 엄마가 뒤를 홱 돌아보며 소리쳤다.

"생전 안 싸우더니 왜 그래? 싸우지 마! 동네 시끄러워!"

엄마가 말려도 소용없었다. 선재는 형에게 더 큰 소리로 대들었다.

"왜? 내가 뭐 틀린 말 했어? 난 몰라! 모른다고! 그리고 뭐 몸이 그렇게 금방 굳고 근육이 풀려? 춤 잘 추고 근육 만들면 다 데뷔해? 말도 안 돼!"

형은 천천히 눈을 감았다 뜨더니 엄마를 건너다보고, 다시 선재를 바라보며 말했다.

"사람의 근육은 만들어지는 데는 여섯 달이 넘게 걸리고, 풀리는 데는 한 달도 안 걸려. 6개월 동안 죽어라 운동해서 근육을 만들고 나면 그 근육을 유지하기 위해 또 죽어라 운동해야 돼. 거기에 다른 근육까지 더 만들려면 더더욱 죽을힘을 다해야 돼."

선재는 듣기 싫다는 듯 텔레비전 화면으로 눈을 돌렸다. 그렇지만 어찌된 일인지 형의 목소리는 더욱 귀에 쏙쏙 들어와 꽂혔다.

"야, 우리 회사에 가 보면 연습생들 스펙이 어떤지 알아? 외국에서 살다 와서 영어를 우리말처럼 하는 애도 있고, 아주 어릴 때부터 춤을 춰서 무대 경력이 10년이 넘는 애들도 있어. 이름만 말하면 다 알 만 한 유명한 선생님 밑에서 몇 년 동안 배운 애들도 있고, 대형 기획사에서 연습생 생활만 5~6년씩 하던 형, 누나들도 있어. 난 그런 애들이랑 경쟁해야 돼. 너는 과학이 아니어도 공부 더 하다가 네가 하고 싶은 걸 결정할 수 있지만 난 아니야. 이제는 이것 말고는 길이 없다고. 그러니까 난 조금도 쉴 수가 없어. 팔이 이 모양이어도 할 수 있는 건 다 해야 돼. 보기 싫으면 네가 방으로 들어가. 난 계속 여기서 하던 거 할 테니까."

형은 조용히, 그렇지만 단호하게 말했다. 그러더니 벌렁 누워서 다시 윗몸 일으키기를 시작했다. 선재는 자리에서 벌떡 일어나 제 방으로 들어갔다.

책상에 앉았지만 쉽게 파일을 펼칠 수가 없었다. 뭔가 마음이 굉장히 복잡했다. 선재는 그대로 침대에 벌러덩 누워 눈을 감았다. 눈을 감고 있으니 가장 먼저 떠오르는 건 형이었다. 연습생이 되기 전부터 지금까지 형은 늘 엄마에게 골칫거리였다. 엄마가 바라던 평범하고 착실한 학생이 아니었기 때문이다.

그래서였을까? 선재도 형을 마냥 자랑스러워하지는 않았던 것 같다. 아니, 얼마 전까지만 해도 좋아하는 것만 즐기고 있다고, 타고난 재능으로 어려움 없이 하고 싶은 일을 하고 있다고 생각했다. 지난번 캠핑 이후로 생각이 조금 바뀌기는 했지만…….

형이 엄청난 경쟁의 무게에 짓눌려 있다는 것, 그래서 잠시도 쉬지 못하고 연습을 하고 있다는 걸 이렇게 제대로 알게 된 건 처음이었다. 형에 대해 제멋대로 생각하고, 또 마음과는 다르게 퉁명스럽게 말을 내뱉었던 게 너무 미안했다.

그다음으로 떠오르는 건 아빠였다. 선재는 아빠와 이야기를 하고 난 후, 과학 탐구 대회에 나가기 위해 최선을 다해 노력하겠다고 마음먹었었다. 그런데 실상 자신의 모습은 파일 안에 들어 있는 몇 장의 자료 때문에 계속 짜증이 나는 게 전부였다.

선생님이 주신 파일에는 모르는 내용이 많았지만 인터넷으로 찾아보면 충분히 알 수도 있었다. 그걸 가지고 속사정도 모르는 형에게 그렇게 화를 냈으니, 자신의 원래 모습에서 바뀐 게 하나도 없는 것 같았다. 형은 아빠와 진지하게 이야기하고 나서 저렇게 쉴 새 없이 달려가고 있는데…….

다음 날, 선재는 수업이 끝나기 무섭게 과학실로 갔다. 그리고 실험 자료를 만들고 있는 선생님 앞에 파일을 내놓았다.

"선생님, 이거 너무 어려워요."

"그래? 뭐가 그렇게 어려웠어?"

"용어도 그렇고, 처음 보는 내용이 너무 많아요. 가르쳐 주세요."

선생님은 웃음 띤 얼굴로 선재에게 맨 앞 테이블에 앉으라고 하더니 선재만을 위한 맞춤 수업을 해 주었다.

"외르스테드는 1802년, 전류가 흐르는 곳에서 나침반이 움직인다는 사실을 발견한 과학자야. 지금도 자기장의 세기를 나타내는 물리적 단위를 에르스텟이라고 하는데, 외르스테드의 이름에서 따온 거야. 이 정도는 전자석에 대한 하나의 상식이라고 생각하고 알아두면 좋을 것 같아."

선생님의 설명은 쉽고도 자세했다. 선재는 공책을 꺼내 필기까지 하며 수업에 몰두했다. 그렇게 A4용지 한 장의 내용만 설명했는데도 한 시간이 훌쩍 지나 있었다.

"선재야, 지금 이 내용은 너한테 어려운 게 당연해. 그러니까 궁금한 게 있으면 언제든지 이렇게 찾아와."

"네."

선재는 공책을 접어 가방에 넣으며 씩씩하게 대답했다.

그 후로 1주일이 지났다. 그동안 선재는 선생님을 두 번이나 찾아가 맞춤 수업을 들었다. 그리고 오늘은 드디어 패러데이 전동기를 만들어 보기로 했다.

과학실에 가니 테이블 두 개에 서로 다른 재료들이 세팅되어 있었다. 하나는 선재의 것이었고, 또 하나는 선재도 작년에 만들어 본 적이 있는 액체 탑 만들기 재료들이었다.

'저건 김다윤이 하는 건가? 오늘은 스포이트 연습이야? 진짜 열심히도 한다.'

선재는 자신의 재료들이 놓인 테이블 앞에 가서 앉았다.

"어? 너도 하는 거야?"

다윤이가 과학실로 들어오며 선재에게 물었다. 선재는 말없이 고개만 끄덕였다. 다윤이도 의자 위에 가방을 올려 두고 옆 테이블에 앉았다. 그리고 나니 선생님이 들어오셨다.

"자, 우리 실험반 에이스들, 이제 시작해 볼까?"

다윤이가 웃으며 선재를 흘낏 쳐다보았다. 선재와 함께 에이스로 묶인 것이 기분 좋은 모양이었다.

"얼른 서두르자. 또 시간 부족하면 곤란하잖아."

선재는 설명서를 다시 한 번 살펴보며 차근차근 실험을 해 나갔다. 어려운 건 아니라고 했지만 과정은 결코 간단하지 않았다. 볼트를 고정시키고 에나멜선을 감을 때나 가느다란 에나멜선이 리드 스위치에 잘 연결되지 않을 때는 전처럼 짜증이 치밀기도 했지만, 그럴 때마다 심호흡을 하며 차분하게 실험을 이어 나갔다.

"선생님, 다 된 것 같은데요, 네오디뮴 자석이 움직이질 않아요."

선생님이 선재의 곁으로 다가와 선재가 만든 것을 살펴보았다. 그러더니 손가락으로 자석을 한 번 툭 건드렸다.

"우와!"

선재는 저도 모르게 소리를 질렀다. 선생님의 손길 한 번에 자석이 바람개비 돌아가듯 빠른 속도로 돌아가기 시작했다.

"잘 만들었네. 성공이야, 성공."

"저는 자석이 안 돌아가서 잘못된 줄 알고……."

선재는 들뜬 목소리로 말했다. 선생님은 손가락을 위로 치켜들며 말했다.

"이건 그냥 사소한 노하우? 네가 다 하고 이 손가락은 살짝 거들었을 뿐이지."

선생님은 환하게 웃었다. 선재는 전선 집게를 빼서 전동기를 멈추게 한 후, 다시 연결해 보았다. 그리고 선생님처럼 자석을 한 번 툭 건드렸더니 역시나 자석이 돌아가기 시작했다.

"자, 오늘은 둘 다 일찍 오고 실험도 성공적으로 끝났으니까 선생님이 피자 쏜다! 얼른 일어나."

"이야아아!"

선재와 다윤이는 환호성을 지르며 가방을 챙겨 자리에서 일어섰다. 아무래도 실험반에서 실험을 한 이후, 오늘이 가장 뿌듯하고 가슴 벅찬 날이 될 것 같았다.

날씨가 제법 추워져 두꺼운 겨울 점퍼를 꺼내야 할 때가 되었다. 그동안 선재는 과학 잡지를 한 가지 더 구독하게 되었고, 그만큼 하고 싶은 실험도 많아졌다. 선재는 선생님과 따로 실험을 할 때마다 실험 노트를 작성했는데, 이제는 노트 한 권이 가득 찰 정도로 그 경험도 차곡차곡 쌓이고 있었다.

그렇게 하루하루를 바쁘게 보내던 어느 날이었다. 수업이 끝나 주머니에 손을 넣고 집으로 돌아가는 길에, 등 뒤에서 엄마 목소리가 들렸다.

"선재야!"

선재는 소리 나는 쪽을 돌아보고 깜짝 놀랐다. 엄마의 손에 엄청

난 크기의 장바구니가 들려 있었다. 다른 한 손에는 케이크 상자도 들려 있었다. 선재는 얼른 달려가 케이크 상자를 건네받고 장바구니를 같이 들었다.

'오늘 누구 생일인가? 아닌데? 엄마랑 아빠는 5월이고, 형은 7월인데?'

잠깐 머리를 굴리다 옆에서 계속 웃고 있는 엄마에게 물었다.

"엄마, 오늘 손님 오세요?"

"하하하, 아니야. 그냥 파티하려고 그래."

"파티요? 무슨 파티요?"

"형이 드디어 데뷔조에 들어갔어."

그제야 엄마의 웃음과 어마어마한 장바구니가 이해되었다.

집에 들어가자마자 엄마는 장본 것들을 정리하고 음식을 만들기 시작했다. 오늘따라 일찍 퇴근한 아빠도 주방으로 들어가 음식 만들기에 합류했다.

"우와, 이게 무슨 냄새야? 우리 집에서 무슨 잔치해요?"

가족들 중에 가장 늦게 들어온 형이 깜짝 놀라며 물었다.

"그럼 잔치라도 해야지."

아빠가 웃으며 말했다.

"이야, 데뷔조에 들어가도 이 정도인데, 데뷔하면 동네 잔치하시겠어요."

"오호, 좋은 생각!"

아빠가 전문 요리사처럼 프라이팬을 휙휙 돌리며 말했다.

잠시 후 식탁은 다리가 부러질 것처럼 많은 음식들로 가득 찼다.

"윤재, 정말 축하한다. 얼른 먹자."

아빠가 축하의 말을 건네며 식사가 시작되었다.

"이제 집에도 잘 못 올 텐데, 많이 먹어 둬."

엄마의 말에 선재가 놀란 얼굴로 형을 쳐다보았다.

"나 이제 숙소에서 생활해. 내일 모레 짐 싸서 들어갈 거야."

형은 아무렇지도 않게 말했다.

"데뷔조 됐다고 다 된 거 아니니까 너무 마음 놓지 말고, 다치지도 말고."

"걱정 마세요."

엄마의 말에 형은 싱글벙글 웃으며 말했다.

식사가 끝나고 난 후, 형은 방으로 들어갔다. 선재는 형 방의 문을 빼꼼히 열고 들여다보았다. 형은 큰 가방에 짐들을 하나씩 챙기고 있었다.

"벌써 짐 챙겨?"

"내일 학교 갔다 오면 시간 없으니까."

"데뷔는 언제 하는 건데?"

"그거야 모르지."

"엄청 오래 걸릴 수도 있어?"

"그러지 않게 잘해야지. 왜? 그때 되면 바쁠지 모르니까 지금 사인 많이 해서 줄까?"

"아니야, 됐어."

선재는 자신의 방으로 갔다. 숙제를 하려고 책상에 앉았는데 기분이 이상했다. 형이 데뷔조가 되다니 믿기지가 않았다. 그리고 한편으론 부럽기도 했다. 형은 그동안 해 왔던 꾸준한 노력의 대가를 눈으로 확인해 가고 있었기 때문이다. 그런 형을 보니 '노력은 배신하지 않는다'는 말이 정말인 것도 같았다.

'나도 열심히 하면 형처럼 잘될 수 있겠지? 대회에도 나가고, 1등도 하고.'

재미없는 숙제를 하고 있는데 입에서는 자꾸만 웃음이 나왔다.

성공하는 사람들의 사고방식

세상에는 '성장형 사고방식'을 가진 사람과 '고정형 사고방식'을 가진 사람이 있어요. 성장형 사고방식은 사람이 변화하고 나아질 수 있다고 믿는 것이고, 고정형 사고방식은 재능은 훈련으로 변하지 않는다고 믿는 것이에요.

고정형 사고방식을 가진 사람들은 장애물을 만나면 자신의 능력에 한계를 느끼고 포기하는 경우가 많아요. 반면, 성장형 사고방식을 가진 사람들은 장애물을 극복해 낼 수 있다는 믿음을 갖고 노력하기 때문에 결국 성공할 가능성이 높다고 합니다. 그러니 어려서부터 성장형 사고방식을 갖는다면 그릿을 키우고 꿈을 이루는 데 큰 도움이 될 거예요. 다음의 질문에 한번 답해볼까요?

질문	그렇다	아니다
지능지수는 태어날 때부터 사람마다 정해져 있는 것이어서 내 힘으로 변화시키기는 어렵다고 생각한다.		
많은 것들을 새로 배울 수 있지만 그렇다고 해서 내 지능지수를 변화시킬 수는 없다.		
나는 지능지수가 현재 얼마이든, 언제든지 상당히 변화시킬 수 있다.		
나는 언제라도 지능지수를 크게 변화시킬 수 있다.		

➕ **도움말** 앞의 두 개의 질문에 '그렇다'고 대답하고 다음 두 개의 질문에 '아니오'라고 했다면 고정형 사고방식에 가깝고, 반대로 대답했다면 성장형 사고방식에 가깝다고 할 수 있습니다. 여러분은 어느 쪽에 가까운가요?

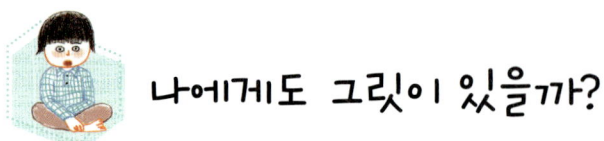# 나에게도 그릿이 있을까?

새 학기 첫 날이 되었다. 선재는 새 책을 챙겨 학교로 향했다. 아직은 바람이 찼다.

지난겨울, 방학 동안 선재는 가까운 대학교에서 주최하는 과학 캠프에 참가했다. 좋아하는 물리 말고도 화학, 생물 등 다양한 분야의 실험과 토론을 했는데, 결석도 지각도 하지 않아 '성실한 과학자상'을 받으며 수료식까지 잘 마칠 수 있었다.

선재는 4층으로 올라가 약간은 어색한 표정으로 6학년 4반 교실로 들어갔다. 적당한 자리를 찾아 앉아 있는데, 잠시 후 누군가가 선재의 옆자리에 털썩 앉았다.

"야, 너도 4반이네."

실험반 친구인 태웅이였다. 작년에 과학 탐구 대회가 끝난 후에는 한동안 어색하기도 했지만 2학기를 마칠 무렵에는 함께 어울려 놀 정도로 친한 사이가 되었다.

약간은 어수선한 분위기로 며칠이 지나갔고, 새 학기 첫 실험반 수업 날이 다가왔다. 선재는 수업이 끝난 뒤 태웅이와 함께 과학실로 내려갔다. 작년에 함께했던 아이들 중 몇 명이 빠지고, 새로운 아이들이 두어 명 눈에 띄었다.

"자, 다들 반가워요. 오늘은 첫날이니까 수업은 하지 않고 앞으로 실험반 수업을 어떻게 진행할지 설명하고 여러분들 이야기도 들어 볼 거예요. 자, 먼저 실험 계획서부터 받자."

선생님은 아이들에게 프린트한 종이를 한 장씩 나누어 주셨다.

"여기 나온 것처럼 4월에는 물리 실험을 주로 하려고 해. 자석 자동차 투석기, 움직이는 그림, 터치 손전등 같은 걸 만드는 건데 어때? 듣기만 해도 재미있을 것 같지?"

아이들은 웃기만 하고 대답은 하지 않았다.

"이제 6학년 됐다고 다들 엄청 점잖아졌네? 계획서에 설명 자세히 있으니까 잘 읽어 보고, 혹시 궁금한 것 있으면 질문들 해."

아이들은 서로 얼굴만 쳐다볼 뿐 손을 들지는 않았다. 실험반 수업을 꾸준히 참여해 온 아이들이 대부분이라 특별할 게 없어 보였다. 그런데 갑자기 현민이가 슬며시 손을 들었다.

"어, 그래, 현민이."

아이들이 무슨 일인가 싶은 눈길로 현민이를 쳐다보았다.

"선생님, 과학 탐구 대회 준비는 언제부터 해요?"

사실 선재도 궁금했지만 차마 물어보지 못한 것이었는데, 현민이가 물어봐 줘서 다행이었다.

"음, 과학 탐구 대회는 아직 결정된 게 없어. 결정이 되는대로 게시판에 올릴 테니까 좀 기다려 보자."

아이들은 무심히 고개를 끄덕였지만 선재는 그렇지 못했다. 마음속 한구석에 '대회에 못 나가게 되면 어떡하지?'라는 불안감이 또다시 고개를 들었기 때문이다.

'아니야, 잘될 거야. 안 되면 선생님께 매달려 보기라도 해야지.'

여러 번 심호흡을 하고 나서야 마음이 가라앉았다. 작년, 너무나 당연하게 과학 탐구 대회를 준비할 때와는 확연히 달라진 지금의 마음이 스스로도 신기하게 느껴졌다.

학원을 마치고 집에 오니 형이 와 있었다. 형이 집에 온 건 열흘 전, 옷을 가지러 잠깐 집에 들렀을 때가 마지막이었다.

"야, 오랜만이다."

식탁에 앉아 있던 형이 먼저 선재에게 인사를 건넸다.

"이야, 집에서 밥 먹는 게 얼마만인지 모르겠어요."

형은 밥을 두 공기나 비웠다. 형이 밥을 다 먹어갈 때쯤 아빠도 들어오셨다. 요즘은 아빠도 많이 바빠서 얼굴 보기가 힘들었다.

"세상에, 이렇게 가족이 다 모인 게 얼마만이야?"

엄마가 과일을 깎으며 거실에 앉아 있는 가족들을 둘러보았다. 그때 형이 뒷머리를 긁적이며 말문을 열었다.

"엄마 아빠, 저 곧 방송 나가요."

"뭐어?"

가족들은 한꺼번에 형을 쳐다보았다.

"데뷔하는 건 아니고, 서바이벌 프로그램에 나가게 됐어요."

"서바이벌? 그게 뭐하는 거야?"

엄마가 깎던 과일을 내려놓으며 물었다.

"우리 회사 연습생 열다섯 명이 나가는 프로그램인데, 온라인이랑 문자 투표에서 탈락하지 않고 끝까지 살아남는 일곱 명이 데뷔 그룹 멤버가 되는 거예요."

형은 엄마가 깎던 과일을 들고 와 자기가 깎기 시작했다. 식구들은 모두 흥분하기 시작했는데 형은 차분하기만 했다.

"그럼 그 과정이 다 방송으로 나오는 거야?"

"네."

"세상에, 웬일이야? 이제 정말 데뷔할 수도 있겠네."

엄마는 조금은 들뜬 목소리로 말했다. 그렇지만 아빠는 아니었다.

"서바이벌이면 그 과정이 엄청 힘들 텐데."

"알고 있어요. 트레이너 선생님들도 그렇게 말씀하세요. 이제는 직접 대중들의 평가를 받는 거니까 더 힘들 거라고. 그렇지만 이런 기회를 얻는 건 하늘의 별 따기예요. 하고 싶어도 못하는 친구들이 얼마나 많은데요."

"그래그래. 앞으로도 힘들겠지만 지금까지도 정말 고생 많았다. 다 네가 열심히 노력한 결과야."

아빠의 말씀에 엄마의 표정도 굳어졌다.

"아, 이렇게 심각하면 안 되는데? 이제 방송하게 되면 저 홍보 많이 해 주셔야 돼요."

"방송 보고 결정할게."

엄마의 말에 가족들은 한꺼번에 웃음을 터뜨렸다.

"선재야, 너 그거 봤어?"

점심시간이 되어 급식실로 내려가는데, 현민이가 뛰어와 다짜고짜 물었다. 현민이는 이제 반이 달라져 실험반에서만 만나던 터였다.

"뭐?"

"게시판에 과학 탐구 대회한다고 뭐 붙어 있던데?"

"정말?"

선재와 현민이는 정신없이 중앙 현관으로 뛰어갔다.

현민이의 말처럼 과학 탐구 대회에 대한 게시물이 붙어 있었다.

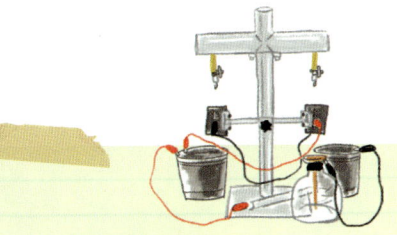

〈교내 과학 탐구 대회 참가 신청자 모집〉

대상   4학년 이상, 과학에 관심이 있는 모든 학생

참가 부문   로켓 과학 부문(물 로켓), 기계 과학 부문,

　　　　　과학 토론 부문

모집 기간   4월 6일 ~ 14일

대회 일자   4월 21일(과학의 날)

* 각 부문 대상을 차지한 학생은 학교 대표로 지역 교육청 대회에 참가하게 됩니다.

* 신청서는 과학실에 비치되어 있습니다. 신청서를 작성해 담당 선생님께 제출하세요.

어린이를 위한 그릿　159

"너 나갈 거지?"

현민이가 물었다.

"응, 너는?"

"나도 나갈 거야. 이번에는 태웅이랑 나가기로 했어."

"김다윤이랑 안 나가?"

"김다윤은 한유정이랑 명준이랑 과학 토론 대회 나간대."

"정말?"

선재는 놀란 표정으로 물었다. 워낙 과학실에서 뭔가를 만드는 연습만 많이 했기 때문에 당연히 기계 과학을 다시 할 거라 생각했다. 그런데 다시 생각해 보니 말도 잘하고 글도 잘 쓰는 다윤이에게는 토론이 더 잘 맞을 것 같았다.

"응, 그렇대. 야, 배고프다. 밥 먹으러 가자."

선재는 현민이에게 이끌려 급식실로 향했다.

'이제 정말 열심히 준비만 하면 되겠구나.'

어쩌면 나갈 수 없을지도 모른다 생각했던 대회였기 때문인지 밥을 먹으면서도 또 수업을 들으면서도 선재의 마음은 구름 위에 있는 듯 둥둥 떠 있었다.

수업이 끝나자마자 선재와 현민이, 태웅이는 계단을 뛰어 내려가 과학실로 달려갔다. 실험반 선생님과 기계 과학 담당 선생님, 그리고 5학년 1반 담임 선생님이 과학실에 모여 계셨다. 5학년 선생님이 이번에 새로 생긴 과학 토론 부문을 맡으신 것 같았다.

"이야, 다들 신청서 쓰러 왔구나?"

기계 과학 선생님이 아이들을 보며 말했다. 아이들은 너무 득달같이 달려온 게 좀 쑥스러운 지 머쓱하게 웃었다.

"자, 여기 있다. 어서 써."

실험반 선생님이 신청서 세 장을 꺼내 주셨다. 아이들은 가방을 내려놓고 테이블에 앉아 신청서를 쓰기 시작했다. 신청서의 빈칸을

또박또박 채우고는 셋이 함께 신청서를 내고 과학실을 나왔다.

'아, 이제 시작이다!'

선재의 마음은 더할 수 없이 벅차올랐다.

그 후로 실험반 수업은 자연스럽게 과학 탐구 대회 준비로 대체되었다. 실험반의 모든 아이들이 교내 대회에 참가하기 때문이다. 아이들은 너나 할 것 없이 열심이었고 과학실 분위기는 어느 때보다 활기가 넘쳤다.

그렇게 몇 번의 수업이 지나가고, 드디어 교내 대회 날이 되었다. 선재는 번호표를 받아들고 과학실로 들어가 참가자 명단을 살펴보았다. 로켓 과학 부문 참가자는 모두 다섯 명이었는데, 그중에서도 송가은이라는 이름이 눈에 띄었다. 작년에 함께 실험반 활동을 했던 가은이는 지난 대회에서 간발의 차이로 선재에게 져서 금상을 받았던 아이였다. 올해에는 실험반 수업을 하지 않아 대회에 나오지 않는 줄 알았는데, 명단에 이름이 올라 있었다.

아이들이 일찍 입실을 마친 까닭에 대회는 조금 일찍 시작되었다. 선재는 차분하게 물 로켓을 만들어 선생님께 제출했다. 그리고 발사대와 과녁이 설치되어 있는 운동장으로 나왔다.

'제발 잘 날아가고 잘 떨어져라.'

선재는 운동장을 바라보며 두 손을 마주 잡았다.

물 로켓을 만든 아이들이 모두 운동장에 모이고, 선생님이 다섯 개의 물 로켓을 발사대에 설치했다. 아이들은 공기압과 발사각을 체크했고, 곧이어 발사 손잡이를 눌렀다. 물 로켓들은 하늘을 향해 시원하게 날아갔다. 그렇게 세 번의 발사가 끝이 나고, 선생님은 결과를 내일 아침 게시판에 올려놓겠다고 하셨다.

다음 날 아침, 선재는 등교하자마자 헐레벌떡 중앙 현관으로 뛰어갔다. 예상대로 게시판에 교내 대회 결과를 알리는 종이가 붙어 있었다. 눈을 크게 뜨고 내용을 읽어 가던 선재는 속으로 환호성을 질렀다. 로켓 과학 부문 대상에 분명히 선재의 이름이 적혀 있었다. 2등인 가은이와 점수 차이가 크게 벌어져 있는 것도 더욱 기분을 들뜨게 했다. 선재는 주먹을 불끈 쥐었다.

며칠이 지났다. 평소 같으면 잠을 자야 할 밤늦은 시간, 엄마와 아빠, 선재는 소파에 나란히 앉아 말없이 텔레비전 화면만 바라보고 있었다. 오늘은 형이 나오는 서바이벌 프로그램의 첫 방송 날이었다.

"시작한다!"

소파에 앉은 지 10분여 만에 엄마가 꺼낸 첫 마디였다. 방송이 시작되자 가족들은 또다시 묵언 수행이라도 하듯 아무 말 없이 텔레비전 화면만 바라보았다.

방송 카메라에 비친 형은 굉장히 낯설었다. 엉성하게 찍은 동영상으로 볼 때와는 차원이 달랐다. 게다가 집에서 볼 땐 몰랐는데 살이 많이 빠져 있고, 몸도 더 탄탄해 보였다. 형의 말처럼 형과 경쟁하는 다른 연습생들의 경력은 매우 화려했다. 중학교 졸업 후 학교에도 다니지 않고 온종일 음악에 매달려 살았던 연습생도 있고, 유명 가수의 백댄서였던 연습생도 있었다. 그에 비하면 형의 경력은 정말 보잘것없었다.

한 시간이 넘는 방송이 끝나고 나서야 엄마는 모았던 두 손을 풀었고, 아빠도 자세를 고쳐 앉았다. 그리고 동시에 한숨을 쉬었다.

"피가 마르는 것 같아."

엄마가 먼저 말문을 열었다.

"잘할 거야. 너무 걱정하지 말자고."

아빠의 말에 엄마가 고개를 끄덕였다.

"그래야지. 선재야, 얼른 들어가서 자. 늦었어."

엄마 말대로 방에 들어와 누웠지만 쉽게 잠이 오지 않았다.

'내가 다 이렇게 심장이 쿵쾅거리는데, 형은 지금 얼마나 더 떨리고 긴장될까?'

선재는 휴대 전화로 오늘 방송에 대한 댓글들을 찾아보았다. 간간이 비판하는 글들이 보이긴 했지만 대부분 좋은 반응이었다. 선재는 가슴을 쓸어내리며 침대에 누웠다. 아마 한동안은 형을 생각하며 마음이 두근거릴 것 같았다.

교내 대회가 끝나고 난 후, 실험반 수업은 다시 탐구 대회에 참가하는 아이들과 그렇지 않은 아이들로 나뉘었다.

"뭐야? 왜 재료가 아무것도 없어?"

과학실에 들어와 가방을 내려놓던 현민이가 텅 빈 선재의 테이블을 보며 물었다.

"오늘은 물 로켓 안 만들어."

"왜?"

"다 이유가 있지."

선재는 물 로켓을 만드는 대신 노트 한 권과 파일 하나를 꺼냈다.

노트의 표지에는 〈물 로켓 연구〉라는 거창한 제목이 붙어 있었다. 선재는 파일을 꺼내 첫 장부터 열심히 읽기 시작했다. 파일에는 선재가 물 로켓을 만들기에 앞서 물 로켓의 원리와 제대로 만드는 법, 주의해야 할 점, 물 로켓을 발사할 때 예상되는 문제점 등을 정리해 놓은 자료들이 들어 있었다. 선재는 이 자료들을 찾기 위해 지난 며칠 동안 틈이 날 때마다 도서관에 갔고, 인터넷 과학 사이트를 찾아 다녔다.

선재는 자료를 읽으며 꼭 기억해야 할 중요한 내용을 노트에 정리하고, 어려운 부분은 형광펜으로 표시했다. 나중에 인터넷으로 찾아보거나 그래도 이해가 되지 않는 것들은 선생님을 찾아가 물어보기 위해서였다. 이렇게 하면 시간은 좀 오래 걸려도 내용을 확실하게 이해할 수 있었다. 예전에는 한 번에 이해되지 않으면 짜증이 나서 포기하곤 했는데 이제는 그렇지 않았다. 오히려 오랜 시간을 들여 모르던 걸 알게 되면 게임의 마지막 판을 깼을 때처럼 짜릿함이 느껴졌다.

시간이 흘러 선재는 지역 교육청 대회에서 또다시 1등을 거머쥐었다. 이제 작년에 떨어졌던 시도 교육청 대회를 준비해야 했다. 그러는 동안 형이 나오는 서바이벌 프로그램도 단계를 높여 가며 착착 진행되고 있었다. 간혹 실수도 하고 심사위원 평가에서 혹독한 지적을 받을 때도 있었지만 형은 위축되지 않고 차분히, 어느 때보다 멋지게 모든 일들을 해내고 있었다.

"역시 우리 아들들이야. 정말 대단해!"

방송이 끝날 때마다 아빠는 선재를 돌아보며 흐뭇한 표정으로 한마디 했다. 그럴 때마다 선재는 잠들기 전 침대에 누워 곰곰이 생각해 보았다.

'나도 형만큼 열심히 하고 있는 걸까? 정말 최선을 다해 끈질기게 노력하고 있는 걸까? 아빠 눈에도 내가 노력하는 게 보이는 걸까? 그럼 나에게도 이제 그릇이 있는 걸까?'

질문은 끝없이 떠올랐지만 언제나 답은 없었다. 그렇지만 자신의 노력에 대해, 자신의 그릇에 대해 질문을 던질 때마다 뭔가 조금은 성장한 느낌이 들어 마음이 뿌듯했다.

그릿을 갉아먹는 생각 없애기

우리 마음속에는 나도 모르게 하고 있는 생각들이 있어요. 그런 걸 두고 '사고방식'이라고 해요. '생각이 흐르는 길'이라고 말할 수도 있지요. 이를테면 우리가 학교에서 집으로 돌아갈 때, 이 길로 갈까 저 길로 갈까 생각하기보다는 습관처럼 늘 다니던 길로 가게 되지요? 생각도 마찬가지로 늘 가던 길로 그냥 가는 경우가 많아요. 그래서 사고방식을 생각이 흐르는 길이라고 한 거랍니다.

그런데 이 '사고방식'이라는 길이 보통 때에는 잘 보이지 않아요. 그래서 내가 주로 어떤 식으로 생각하는지 잘 모를 수 있어요.

오른쪽 표를 보면 고정형 사고방식과 그릿을 약하게 만드는 생각, 성장형 사고방식과 그릿을 강하게 만드는 생각을 예로 들어놓았어요. 잘 읽어 보고 자신이 평소 어떤 방식으로 생각하는지 생각해 보세요. 고정형 사고방식을 가진 사람도 얼마든지 성장형 사고방식으로 바뀔 수 있답니다.

표를 볼 때는 왼쪽의 질문만 남기고 오른쪽 두 칸의 내용을 종이나 손바닥으로 가려 보세요. 왼쪽에 있는 질문을 읽으며 스스로 답을 생각해 보고 가려 두었던 내용을 마저 읽어 보기 바랍니다.

상황	고정형 사고방식과 그릿을 약화시키는 표현	성장형 사고방식과 그릿을 강화시키는 표현
시험을 잘 봤을 때, 스스로에게 하는 말은?	"난 좀 똑똑한 거 같아! 아주 마음에 들어."	"열심히 배우고 있구나! 정말 마음에 든다."
시험을 잘 못 봤을 때, 스스로에게 하는 말은?	"적어도 노력은 했잖아? 할 만큼은 한거야."	"결과가 안 좋았네. 다음번에는 어떻게 하면 결과가 더 좋아질지 생각해 보자."
운동, 음악 연주 등을 잘했을 때, 스스로에게 하는 말은?	"잘했어! 역시 나는 재능이 있어. 좀 타고난 것 같아."	"참 잘했다. 그런데 좀 더 나아질 부분은 없을까?"
운동, 음악 연주 등을 잘하지 못했을 때, 스스로에게 하는 말은?	"이건 정말 어려운 거였어. 못했다고 너무 실망할 건 없지."	"이건 정말 어려운 거였어. 아직 못한다고 해서 실망할 건 없어."
시험이나 경쟁에서 자꾸만 지거나 실패할 때, 스스로에게 하는 말은?	"이건 내가 잘할 수 있는 게 아닌 거 같아. 다른 건 잘할 수 있을 테니 걱정하지 말자."	"내가 목표가 높아서 그런 거야. 더 열심히 노력하고 도움도 얻으면 언젠가 해낼 수 있어"

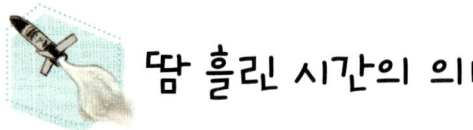# 땀 흘린 시간의 의미

 "선재야, 파이팅!"

 "긴장하지 말고, 하던 대로만 하면 돼."

 엄마와 아빠의 배웅을 받으며 집을 나섰다. 오늘은 시도 교육청 대회가 있는 날이었다. 작년에 탈락했던 대회여서 그런지 조금 긴장이 되긴 했다.

 올해에는 시도 교육청 대회에 선재 혼자 참가하게 되었다. 다윤이네 팀도, 현민이네 팀도 모두 지역 교육청 대회에서 탈락했기 때문이다. 선재는 선생님과 인사를 하고 대회장으로 들어갔다. 생각지도 못했는데, 바로 작년 이 자리에서 만났던 소진이를 또다시 마주쳤다. 이번에는 서로 인사도 없이 자기 자리로 가서 앉았다.

 '이번에는 정말 잘할 거야.'

선재는 자신의 번호가 적힌 자리에 앉아 심호흡을 했다.

시작을 알리는 종소리가 울린 후, 각각의 자리에는 재료들이 놓여졌다. 작년과 달리 페트병이 두 개였고, 날개를 만들 플라스틱판을 따로 주었다. 선재는 지금까지 해 왔던 경험들을 떠올리며 침착하게 물 로켓을 만들어 나갔다. 얼마나 집중했는지 다 만들고 고개를 들었을 땐 머리가 띵하게 울려 올 정도였다.

59명의 아이들 중 25번째로 물 로켓을 제출하고 나온 선재는 얼른 도시락을 먹고 발사를 하게 될 운동장으로 나갔다. 자신의 번호가 불리자 선재는 발사대 앞으로 나가 신중하게 공기압과 발사각을 맞추고 발사를 했다. 세 번의 발사가 모두 끝나고, 선재는 홀가분한 마음으로 대회장을 나올 수 있었다.

며칠 후 실험반 선생님이 선재를 불렀다. 선재는 떨리는 마음으로 과학실 문을 열었다. 선생님은 선재의 얼굴을 보며 환하게 웃었다.

'아, 뭔가 느낌이 좋아.'

선재는 얼른 선생님이 앉아 있는 책상으로 다가갔다. 선생님은 컴퓨터 모니터를 돌려 선재가 화면을 볼 수 있도록 해 주었다.

"자, 원했던 결과를 얻게 된 심정이 어때?"

결과 발표 화면의 맨 위에 선재의 이름이 떡하니 올라가 있었다. 대상이었다.

"아으!"

선재는 저도 모르게 두 주먹을 불끈 쥐며 외쳤다.

"기분 좋지? 나도 좋다. 그렇지만 이제 전국 대회 준비는 더 힘든 거 알고 있지? 앞으로는 쉴 틈이 없을 거야."

"그래도 좋아요. 전국 대회에 나갈 수 있잖아요. 진짜 좋아요."

"녀석, 엄청 좋은 모양이네. 평소에 안 떨던 호들갑까지 떨고."

조금 부끄러워진 선재가 머리를 긁적였다.

"정말 수고했다. 이건 정말 네 노력의 결과야."

인사를 꾸벅하고 과학실을 나온 선재는 작년과 다른 결과, 작년과 다른 선생님의 말씀, 그리고 작년과 완전히 달랐던 스스로의 마음과 태도를 다시 한 번 생각했다. 그리고 또 한 번 다짐했다. 들뜨지 말고 차분하고 끈기 있게 전국 대회까지 열심히 해 보겠다고.

"야, 너 왜 얘기 안 했어?"

실험반 수업을 위해 테이블에 앉아 있을 때였다. 뒤늦게 들어온 현민이가 자리에 앉기도 전에 선재에게 소리를 쳤다.

"뭐?"

"너희 형, 텔레비전에 나오잖아."

"아, 그거? 그냥……."

"야, 우리 누나가 인터넷으로 찾아보는 거 보고 알았잖아. 우리 누나 너네 형 팬이야."

"정말?"

"너랑 같이 형 공연도 봤다고 했더니 우리 누나 완전 난리 났어."

현민이가 워낙 호들갑스럽게 떠들어 대는 통에 과학실에 있던 모든 아이들이 선재만 쳐다보고 있었다. 현민이는 아예 아이들 많은 쪽을 보며 큰 소리로 설명하기 시작했다.

"얘들아, 음악 방송에서 하는 아이돌 데뷔 서바이벌에 선재네 형 나와. 이름은 노윤재인데……."

선재가 현민이를 보고 인상을 쓰며 조용히 하라는 표시로 손가락을 입에 가져다 댔다.

"뭐 어때? 너희들도 온라인 투표 꼭 해라. 춤 완전 잘 추고, 랩도 완전 잘해."

"야, 왜 그래? 애들이 이상하게 쳐다보잖아."

선재가 현민이의 팔을 잡아끌었다.

"야, 내가 그런 형이 있으면 먼저 나서서 막 투표하라 그랬겠다. 너도 솔직히 말하고 싶지 않았어? 내가 대신 말해 줘서 고맙지?"

현민이의 말에 선재는 딱히 대답을 하지 못했다. 어쩌면 현민이는 선재의 속마음을 다 알고 있는 것 같았다.

다음 날 교실로 들어가려던 선재는 멈칫하며 걸음을 멈추었다. 선재가 들어가는 순간, 모든 반 아이들이 한꺼번에 자신을 쳐다보았기 때문이다. 선재는 느린 걸음으로 자리에 가 앉았다. 아이들의 시선 역시 느리게 자신을 따라오고 있었다.

'뭐지? 왜 이러지?'

앞자리의 태웅이가 선재를 돌아보며 말없이 싱글벙글 웃는가 싶더니 어느새 아이들이 몰려와 선재를 에워쌌다.

"야, 진짜 너희 형이 노윤재야?"

선재는 아이들을 둘러보며 고개를 끄덕였다.

"대박이다! 노윤재 완전 멋있어."

"맞아. 춤 진짜 잘 춰."

"야, 나 사인 좀……. 아니, 나 너희 집에 놀러가도 돼?"

"난 너랑 사진 찍을래."

선재는 당황스럽기도 하고 웃기기도 해서 태웅이의 팔을 잡아끌며 물었다.

"네가 소문낸 거야?"

"난 현민이가 했던 말을 그냥 전했을 뿐이야."

아이들의 소동은 담임 선생님이 들어오고 나서야 끝이 났다. 아무렇지도 않은 척했지만 자꾸만 웃음이 나서 입꼬리가 절로 올라갔다.

형이 벌써 이렇게 많은 사람들에게 알려져 있다니! 놀랍고 신기했다.

수업을 마치고 과학실에 들렀다 집에 오니 집 안에 음식 냄새가 가득했다. 주방으로 들어가 본 선재는 깜짝 놀라고 말았다. 커다란 냄비와 그릇, 온갖 음식 재료들이 가득 찬 조리대 앞에 앞치마를 두른 아빠가 서 있었다.

"우와, 이게 다 뭐예요?"

"저녁에 먹으려고."

"이걸 전부 다요?"

아빠는 싱글거리며 고개를 끄덕였다. 선재는 '이게 다 무슨 일이람' 하는 생각에 고개를 절레절레 저었다. 그리고 얼마나 지났을까. 씻고 옷을 갈아입은 후 어슬렁어슬렁 주방으로 다시 나온 선재는 또 한 번 깜짝 놀랄 수밖에 없었다. 갈비탕이며 생선찌개를 비롯해 이름을 알 수 없는 여러 가지 음식이 식탁에 잔뜩 차려져 있었다. 요리에 대해 잘 모르는 선재가 보기에도 뭔가 굉장히 깔끔한 차림새였다. 갈비찜에 들어간 채소들은 모두 같은 크기로 동글동글하게 깎여 있고, 찌개에 들어간 채소와 두부 역시 같은 크기로 정갈하게 담겨 있었다.

그때 엄마가 전화 통화를 하며 방에서 나왔다.

"응, 그래. 그렇게 해 주면 고맙지. 아휴, 내가 뭘 뒷바라지를 해. 혼자 다 알아서 그렇게 하고 있더라고. 그래, 연락 줘서 고마워. 다음에 또 연락하자고."

엄마는 미소를 지으며 통화를 마쳤다.

"어휴, 친구가 방송 보고 깜짝 놀랐대. 윤재 어릴 때 한 번 본 게 다인데, 나하고 너무 닮아서 딱 알았다나. 하하하."

기분이 좋아진 엄마가 식탁에 앉으며 아빠를 보고 말했다. 아빠도 수건으로 손을 닦으며 식탁에 앉았다.

"그래? 거 참 희한하네. 윤재는 날 완전히 빼닮았는데? 흐흐, 얼른 먹자."

선재가 뭣부터 먹어야 할지 망설이고 있는 사이, 엄마가 얼른 찌개를 한 숟갈 떠서 맛보았다.

"어머, 생선이 들어갔는데 비린내가 하나도 안 나네? 이거 어떻게 한 거야?"

"생선이 익은 후에 마늘과 생강을 넣으면 비린내가 안 나."

"정말? 난 여지껏 생선이랑 같이 넣었는데. 그런 비법이 있는 줄 몰랐네."

밥을 먹는 내내 엄마와 아빠는 요리법을 화제로 이야기를 이어 갔는데, 주로 엄마가 묻고 아빠가 답을 했다. 선재는 이 낯선 광경에 계속 고개만 갸웃거렸다.

토요일이었지만 선재는 학교 운동장에서 물 로켓과 씨름하고 있었다. 원래 주말에는 연습을 하지 않지만 작년 전국 대회에서 대상을 받은 중학생 형의 블로그를 우연히 보고 나서 계획을 바꾸었다. 그 형은 학교에 가기 전인 새벽 시간, 주말, 방학에도 한 번도 쉬지 않고 꾸준히 연습해 공기압 게이지와 바람에 대한 감각을 철저히 익혔다고 했다.

"내가 너 때문에 장가를 못 가잖아! 책임져, 이 녀석아."

선생님은 주말마다 이런 농담을 하며 선재의 실험에 함께했다.

"고시 공부를 해도 너만큼 하면 판검사 되는 건 일도 아니겠다."

교문을 열어 주던 경비 할아버지도 흐뭇한 미소를 지으며 이런 말씀을 하시곤 했다. 그렇게 연습을 마치고, 선재는 땀으로 범벅이 된 채 집으로 돌아왔다.

현관에 들어서니 처음 보는 신발이 있고 맛있는 음식 냄새가 진동했다. 이건 형이 왔다는 증거였다. 선재는 얼른 들어가 집 안을 둘러보았다. 아빠가 씽크대 앞에서 '다다다다' 소리를 내며 칼질을 하고 있는데 엄마와 형은 보이지 않았다.

"아빠, 엄마랑 형은요?"

그제야 선재가 온 것을 알아차린 아빠는 칼질을 멈추고 말했다.

"선재 왔구나. 엄마랑 형은 형 방에!"

선재는 얼른 형 방의 문을 열어 보았다. 형은 누워 있고 엄마가 다리에 얼음찜질을 해 주고 있었다.

"우와, 텔레비전에 나오는 사람이다!"

선재는 형을 가리키며 놀리듯 말했다.

"노선재, 오랜만이다."

형이 선재를 돌아보며 기운 없이 인사를 건넸다. 오랜만에 본 형의 얼굴은 몰라보게 핼쑥해져 있었다.

"선재야, 얼른 씻어. 세상에, 땀을 얼마나 흘린 거야?"

엄마의 말에 선재는 얼른 욕실로 갔다. 샤워를 하고 나오니 식탁 위엔 벌써 음식들이 풍성하게 차려져 있었다. 엄마와 함께 방에서 나오던 형은 하품을 하며 기지개를 켰다.

"아유, 애가 잠을 못 자서 얼굴이 엉망이야."

엄마는 그런 형을 쳐다보며 걱정스러운 듯 말했다.

"괜찮아요, 엄마. 이제 얼마 안 남았어요."

형은 다시 한 번 하품을 하며 식탁 의자에 앉았다. 아빠도 걱정스러운 표정으로 물었다.

"방송이 이제 몇 번 남은 거지?"

"하아, 세 번이요."

"지금 열한 명 남은 거지?"

"네. 다음 주에 아홉 명이 남고, 그 다음 주에 멤버 확정이에요."

"마지막 방송은 생방송이라며?"

"하아, 네."

엄마, 아빠의 질문에 형은 연신 하품을 하며 말했다.

"그럼 그전까지는 집에 못 오겠네?"

"다음 주에 떨어지면 올 수도 있어요."

"무슨 그런 불길한 말을……."

엄마가 형을 노려보며 말했다.

"헤헤, 그냥 그렇다고요."

"힘들진 않아?"

아빠가 걱정스러운 표정으로 물었다.

"힘들죠. 잠도 잘 못 자고, 연습도 해야 하고, 방송에 잘 나오게 눈치도 봐야 하고. 그래도 재미있어요."

"다행이다."

미소를 짓던 아빠가 갑자기 식탁 옆에 걸려 있던 앞치마 주머니를 뒤적였다.

"나도 보여 줄 게 있는데."

형과 선재는 아빠의 움직임을 물끄러미 바라보았다. 아빠가 주머니에서 작은 수첩 같은 것을 꺼내 앞으로 쑥 내밀었다.

"짜잔! 아빠 드디어 자격증 땄다!"

지금껏 학원이며 도서관에 다니며 준비하던 자격증 시험에 합격한 것이었다.

"우와아아!"

선재와 형은 동시에 소리쳤다. 자격증 수첩의 표지에는 '국가기술자격증'이라고 쓰여 있었다. 형은 수첩을 낚아채듯 가져가 안쪽을 펼쳐 보았다. 그런데 형의 표정이 좀 묘했다.

"이거 진짜예요?"

아빠는 자랑스러운 표정으로 고개를 끄덕였고, 엄마는 그럴 줄 알았다는 듯 웃음을 터뜨렸다.

"왜?"

선재도 형이 들고 있는 수첩을 빼앗아 펼쳐 보았다. 아빠 사진 옆으로 '한식조리기능사'라는 명칭이 또렷이 적혀 있었다.

"한식조리기능사? 조리기능사?"

"그거 음식 만드는 거잖아요."

형과 선재가 의아한 얼굴로 한꺼번에 아빠를 쳐다보았다.

"응, 맞아. 아빠가 지난 1년 동안 밤낮 없이 공부하고 연습하면서

정말 힘들게 딴 거야."

아빠는 선재의 손에서 자격증 수첩을 가져가더니 보물을 다루듯 조심스레 표지를 닦았다.

"아니 무슨……."

형은 말을 잇지 못하고 고개만 저었다.

"아빠의 꿈이었대."

엄마는 흐뭇하게 웃으며 말했다.

"아빠는 건설 회사 다니시잖아요."

"그것도 꿈이었어. 멋진 건물 만드는 것."

"정말 반전이네요. 어쩐지 음식들이 다 너무 고급스럽다 했어요."

형은 이제야 고개를 끄덕이며 다시 음식을 먹기 시작했다. 아빠는 형과 선재 앞에 놓인 작은 그릇에 찌개를 덜어 주며 말했다.

"아빠는 어릴 때부터 음식 맛보는 걸 좋아하고, 재료나 양념에 따라 음식 맛이 어떻게 달라지는지 굉장히 관심이 많았어. 그래서 기회가 되면 꼭 제대로 배우고 자격증을 따고 싶었거든. 생활이 바빠지면서 그냥 잊고 살았는데, 다시 떠올리게 된 계기가 있었지."

"그게 뭐예요?"

"너희들도 다 아는 거야. 열정적 끈기의 힘, 그릿!"

"아!"

형과 선재는 동시에 탄성을 터뜨리며 고개를 끄덕였다.

"아빠는 회사만 다녀도 엄청 바쁘셨잖아요. 그런데 어떻게……."

"지난 몇 달간은 정말 눈코 뜰 새 없이 바빴지. 하루에 몇 번씩 KTX를 타고 지방으로 돌아다닌 적도 있고. 그렇지만 잠깐씩이라도 학원에 들러 연습을 했어. 뭐, 너무 바빠서 학원 갈 시간이 없으면 잠자기 전이나 차 안에서 틈틈이 책을 읽고 요리 동영상을 봤지. 일하는 시간, 잠자는 시간 말고는 계속 이 시험에 대해서만 생각했던 것 같아."

"정말 대단하세요."

"대단하긴, 다 너희들 덕분이지."

"저희들이요?"

선재와 형이 눈을 동그랗게 뜨고 아빠를 쳐다보았다.

"아우, 저희들이 뭘 했다고……."

형이 너스레를 떨며 손사래를 쳤다.

"너희들이 아빠 말을 잘 기억하고 실천해 주니까 아빠도 더 열심히 해서 꼭 이 자격증을 너희에게 보여 줘야겠다는 생각이 들더라고. 《그릿》이라는 책의 마지막에 이런 말이 나오거든. '노력하지 않고도 위대한 업적을 달성할 수 있는 사람이 천재라면 우리 모두는 천재가 아니다. 그렇지만 모든 것을 바쳐 부단히 노력할 마음만 있다면 우리 모두가 천재다'. 너희가 그렇게 열심히 노력하는데 아빠인 나도 '노력할 마음만 있으면 천재'라는 걸 증명해 보여야 하지 않겠어? 조리기능사가 아주 어려운 수준의 시험은 아닐지 몰라도, 배워야 할 것도 많고 생각보다 합격률이 높지 않거든. 그리고 아빠는 이제 그 다음 단계인 한식조리산업기사 자격증에도 도전할 계획이야."

"우와!"

형과 선재, 그리고 엄마까지 한꺼번에 탄성을 터뜨렸다. 그러고 보니 언젠가 아빠가 정성껏 닦고 있던 눈금이 그려진 칼이 떠올랐다.

'이 자격증 때문에 그 칼이 꼭 필요하셨던 거구나.'

음식마다 일정한 크기로 정갈하게 담긴 재료들을 보니 그제야 모든 게 이해가 되었다.

식사를 마치자마자 형은 가방을 챙겨 현관으로 나갔다.

"에휴, 하룻밤도 못 자고 또 가야 하네."

"외출 허락도 힘들게 얻어 낸 거예요. 얼른 가서 또 연습해야죠."

"그럼 언제 또 볼 수 있어?"

"떨어지지 않으면 생방송 때 가족 모두 초대한다고 했어요. 그땐 꼭 오실 거죠?"

"그럼, 당연하지."

"몸 조심해. 다치지 말고."

엄마와 아빠, 선재는 현관에서 형을 배웅했다. 형의 뒷모습이 전보다 훨씬 더 다부져 보였다.

형의 방송을 볼 때면 늘 그랬듯이 엄마와 아빠, 선재는 말없이 소파에 앉아 있었다. 방송은 남아 있는 연습생 열한 명의 인터뷰로 시작되었다. 연습생 두 명의 인터뷰가 끝나자 화면 가득 형의 얼굴이 나타났다.

"저는 가진 게 정말 열정밖에 없었어요. 연습생이 되기 전까지 춤과 랩을 제대로 배운 적이 없어서 기술적으로는 아주 초보 수준이었거든요. 그런 제가 할 수 있는 건 노력밖에 없었어요. 남들보다 덜 자고, 덜 쉬고 계속 연습을 하는 것 말고는 제 꿈을 이룰 수 있는 방법이 없더라고요."

인터뷰 중간중간, 형이 연습하는 모습들이 찍힌 영상이 나왔다. 화면 속의 형은 넓은 연습실 안에서 항상 혼자 춤을 추거나 랩을 하고 있었고, 팔과 다리에는 압박붕대가 감겨 있었다.

"정말 어렵게 잡은 기회이고, 그만큼 열심히 할 거예요. 설령 떨어져서 다시 연습생이 된다고 해도 후회가 없도록, 내가 거치는 이 과정들이 모든 사람들에게 당당할 수 있도록 최선을 다해서 멋지게 해내고 싶어요."

형은 씨익 웃으며 인터뷰를 마쳤다. 어느새 엄마는 훌쩍이고 있었고 선재도 마음에서 무언가가 울컥 올라오는 것 같았다.

방송이 끝날 무렵, 남은 아홉 명의 합격자가 발표되었다. 사실 결과는 이미 알고 있었다. 녹화를 지난주에 했는데 아무 연락이 없었으니 분명 합격이었을 터였다. 그렇지만 엄마도, 아빠도, 선재도 마른침을 꿀꺽 삼키며 화면에서 눈을 떼지 못했다.

"1주일간의 대국민 온라인 투표를 통해 합격한 다섯 번째 연습생입니다. 이번 서바이벌 기간 동안 스스로를 혹독하게 다그치던 모습이 인상적이었죠. 어마어마한 연습량을 자랑하는 노력파 연습생입니다. 노윤재!"

형의 이름이 불리는 순간, 가족들은 약속한 듯 소파에서 일어나 소리를 질렀다.

"다 알고 보면서도 이러는데, 생방송은 우리 어떻게 보냐?"

다시 소파에 앉던 아빠가 웃음 가득한 목소리로 말했다.

"난 정말 긴장돼서 쓰러질 것만 같아."

엄마는 벌써부터 힘이 빠졌는지 소파에 털썩 기대앉았다. 방송에서는 탈락한 친구를 껴안고 함께 눈물을 흘리는 형의 모습이 나오고 있었다.

"아이고, 지금까지 함께 고생했는데 짠하네."

선재도 엄마와 같은 생각이 들었다. 노력의 결과가 모두 해피엔딩이라면 얼마나 좋을까?

"선재야, 어서 타."
아파트 정문 앞에 선생님의 차가 도착했다. 선재는 얼른 차에 올라탔다.
"기분이 어때? 떨려?"
"네."
"하핫, 녀석."
선재는 창밖을 바라보았다. 바람에 나뭇잎들이 흔들리고 있었다.
오늘은 전국 대회가 열리는 날. 대회장은 시도 교육청 대회보다 훨씬 컸고 운동장도 넓었다. 대회장으로 들어가기 전, 선생님은 선재의 두 어깨를 잡고 눈을 마주치며 말했다.
"선재야, 난 널 믿어. 네가 상을 받을 거라고 믿는 게 아니라, 네가 지금까지 해 왔던 노력들을 믿는 거야. 그동안 정말 고생 많았어. 난 너의 노력이 그 어떤 상보다 훨씬 가치가 높다고 생각해. 그러니까 오늘 어떤 결과가 나와도 나한테는 네가 무조건 1등이야. 그러니까 마음 푹 놓고 해. 알았지?"
"네."

선재는 대답을 하고 대회장으로 들어갔다. 그리고 늘 해 왔던 것처럼 침착하게 물 로켓을 만들어 제출하고 운동장으로 나왔다. 시간이 흐르고, 드디어 물 로켓을 발사할 순간이 되었다.

"39번!"

선재의 번호가 불렸다. 선재는 바람을 느끼며 공기압과 발사각을 여러 번 체크하고, 신중하게 발사 손잡이를 잡았다. 손잡이를 잡은 선재의 손이 파르르 떨렸다.

이제 이 손잡이를 누르면 결과가 나올 것이다. 여기 있는 아이들 중 누군가는 1등을 하고, 또 누군가는 꼴찌를 할 것이며 그중 어딘가에 선재의 이름도 있을 것이다. 그렇지만 이제 선재에게는 대회의 결과만 중요한 게 아니었다. 대회를 준비하며 쏟았던 시간과 노력에 대한 보람을 충분히 느꼈고, 그 시간들이 자신을 배신하지 않을 거라는 믿음도 생겼다.

어쩌면 실수를 할 수도 있고, 운이 나빠 좋은 성적을 받지 못할 수도 있다. 그렇지만 상관없다. 만약 그렇게 되더라도 3년 반 동안 온몸이 아프도록 치열하게 연습했던, 그리고 이틀 후에 있을 생방송을 위해 지금도 그렇게 몸이 부서지도록 연습하고 있을 형처럼, 또 지역 교육청 대회에서 떨어지고 나서도 매일 과학실에 들러 자료를 찾고 연습하는 다윤이처럼 끈질기게 다음 목표를 향해 노력하면 되는 것이다.

"발사!"

선재는 손잡이를 힘 있게 꾹 눌렀다. 그리고 지금까지의 땀과 시간을 담은 물 로켓이 날아가는 것을 오래오래 바라보았다. 쨍한 가을 햇살이 온몸으로 쏟아져 내렸다.

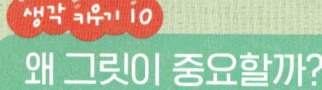
왜 그릿이 중요할까?

지금까지 우리는 그릿에 관한 여러 가지 활동들을 했습니다. 그런데 한 번 곰곰이 생각해 봅시다.

그릿이 대체 왜 중요할까요? 그릿이 강하다고 해서 꼭 시험 성적이 올라가거나 좋은 학교에 진학하거나 경쟁에서 이기게 되는 것도 아니잖아요. 물론 그렇게 될 확률은 높아지지만 말이에요.

성공하느냐 실패하느냐가 유일한 기준이라면 그릿을 발휘해서 열심히 연습하고 노력한다고 해도 시험에 떨어지거나 경쟁에 실패하면 결국 아무 소용없다고 생각할 수 있어요. 그런데, 과연 그럴까요?

저는 축구선수를 꿈꾸었지만 나중에 훌륭한 변호사가 된 분을 알고 있습니다. 초등학교 때까지 축구 유망주였고, 축구부가 있는 학교로 진학했는데 부상을 당해 축구를 그만두게 되었습니다. 하지만 좌절하지 않고, 운동할 때 열심히 연습했던 것처럼 힘껏 공부해서 원하는 학교에 가고, 바라던 대로 변호사의 꿈도 이루었어요.

부상 후에 마음을 잡지 못하고 방황하는 선수도 많은데 어떻게 그렇게 다른 꿈을 찾아 다시금 노력할 수 있었을까요? 여기에는 또 하나의 비밀이 숨어 있답니다.

이 분은 사실, 축구에도 재능이 별로 없었다고 해요. 그런데 축구를 너무 좋아해서 패스, 드리블, 슈팅 등 축구에 필요한 기량을 한 가지씩 파고들어 엄청나게 연습했대요. 그렇게 자신의 노력으로 실력을 쌓아 본 경험이 있었기에 열정을 가지고 끈기 있게 노력하면 재능과 기량이 발전한다는 믿음이 마음속에 단단히 자리 잡았던 거예요.

　제가 SBS '영재발굴단'을 통해 만난 영재들도 공통된 면이 있어요. 영재들이라고 해서 모든 문제를 한 번에 척척 풀어내는 것은 아니에요. 아니, 워낙 어려운 문제에 도전하다 보니 잘 안 되는 경우가 훨씬 더 많더라고요. 그런데 영재들은 실패를 통해서 새로운 방법을 생각하고 도전하는 것을 즐기고 있었습니다. 그렇게 하다 보면 반드시 풀릴 것이라는 믿음을 가지고 말이지요.

　지금 당장의 성공과 실패는 중요하지 않답니다. 재능이 많고 적음도 결정적인 요소가 아니에요. 강력한 그릇을 가지고 있는지 아닌지가 잠재력을 키우고 꿈을 이루는 데 결정적 요소가 된다는 점을 꼭 기억해 두세요. 한마디로 '실패해도 그릿!'입니다.

그릿의 심리학자, 앤절라 더크워스 박사님을 소개합니다!

안녕? 나는 선재야.

모두 알겠지만, 나는 원래 꼼꼼하지도 못하고 포기도 빠른 아이야. 또 무슨 일을 하다가 결과가 좋지 못하면 핑계를 대거나 남 탓을 많이 했어. 그런 나에게 아빠는 '그릿'에 대해 이야기해 주셨어. 사실 처음엔 '이로 모래알을 꽉 무는 힘으로 노력한다'라는 뜻이 마음에 와 닿지 않았어. 모래알 얘기에 놀라긴 했지만 어쨌거나 열심히 하라는 뻔한 교훈처럼 들렸거든.

그렇게 시큰둥했던 생각을 바꿔 놓은 건 바로 우리 형이었어. 형은 진짜로 열정과 노력이라는 게 무엇인지, 그것이 어떻게 한 사람을 발전시키는지 내 눈앞에서 보여 주었으니까 말이야.

나는 그릿에 대해 더 많이 알고 싶어졌어. 그래서 아빠한테 여러 가지 이야기를 더 들었고, 오랫동안 그릿을 연구하고 책도 쓴 분이 앤절라 더크워스 박사님이라는 것을 알게 되었어. 아빠의 얘기를 들으니 정말 똑똑하고 멋진 분 같더라고.

앤절라 더크워스 박사님은 하버드 대학교와 옥스퍼드 대학교에서 공부하고, 세계적인 경영 컨설팅 회사인 맥킨지앤컴퍼니를 다녔대. 근데 아이들을 가르치는 일이 자신에게 더 잘 맞다고 생각해서 회사를 그만두고 고등학교 선생님이 되었다고 해.

선생님이 된 후, 더크워스 박사님은 성적이 좋은 학생들과 그렇지 못한 학생들에게 어떤 차이점이 있는지 너무 궁금했다는 거야. 그래서 오랜 시간 학생들을 지켜보고 연구하면서 '인생에 성공하기 위해서는 재능이나 지능지수도 중요하지만 그보다 훨씬 더 중요한 다른 요인이 있다'는 것을 깨달았다고 해. 그게 바로 '그릿'이라는 건데, 어떤 어려움이 있어도 목표를 향해 오랫동안, 꾸준히 포기하지 않고 노력하는 힘을 말해. 그래서 공부를 좀 못해도 그릿이 있는 학생들은 원하는 목표를 이루지만, 머리가 똑똑해도 그릿이 없으면 나중에는 목표를 이루지 못하게 된다는 거야.

사실, 내가 그릿을 알게 되고 열심히 노력하기로 마음먹었다고 해서 모든 일이 술술 풀렸던 건 아니야. 정말 하기 싫고 지치는 순간들이 많았거든. 그럴 때면 내 마음은 마치 물 로켓 속의 압축된 공기처럼 잔뜩 눌려 버린 것만 같았어.

그렇지만 확실한 건 그 시간들이 지난 후 내가 달라졌다는 거야. 꿈꾸던 내 모습과 좀 더 가까워졌다고나 할까. 그렇게 '나 좀 멋진데?' 하는 생각이 들면 나도 모르게 슬며시 웃음이 났어. 아주 어려운 연습을 계획대로 마치고 났을 때는 하늘로 솟구쳐 오르는 물 로켓을 볼 때처럼 짜릿하고 설레기도 했지.

아마 앞으로도 수많은 문제들이 내 앞에 나타날 거야. 그렇지만 이제는 무작정 두렵거나 걱정이 되지는 않아. 힘든 시간이 지나면 분명히 하늘 높이 솟아오르는 것 같은 뿌듯함과 기쁨도 느낄 수 있을 테니 말이야.